A VIDA INTERROMPIDA
DE FERNANDO BARTAN

Editora Appris Ltda.
1.ª Edição - Copyright© 2021 dos autores
Direitos de Edição Reservados à Editora Appris Ltda.

Nenhuma parte desta obra poderá ser utilizada indevidamente, sem estar de acordo com a Lei nº 9.610/98. Se incorreções forem encontradas, serão de exclusiva responsabilidade de seus organizadores. Foi realizado o Depósito Legal na Fundação Biblioteca Nacional, de acordo com as Leis nᵒˢ 10.994, de 14/12/2004, e 12.192, de 14/01/2010.

Catalogação na Fonte
Elaborado por: Josefina A. S. Guedes
Bibliotecária CRB 9/870

F273v 2021	Favero, Giovani Marino
	    A vida interrompida de Fernando Bartan / Giovani Marino Favero.
	- 1. ed. - Curitiba: Appris, 2021.
	    101 p. ; 23 cm.
	
	    ISBN 978-65-250-0262-0
	
	    1. Memoria autobiográfica. II. Título. II. Série.
	
	                                                            CDD – 808.06692

Editora e Livraria Appris Ltda.
Av. Manoel Ribas, 2265 – Mercês
Curitiba/PR – CEP: 80810-002
Tel. (41) 3156 - 4731
www.editoraappris.com.br

Printed in Brazil
Impresso no Brasil

Giovani Marino Favero

A VIDA INTERROMPIDA DE FERNANDO BARTAN

FICHA TÉCNICA

EDITORIAL	Augusto V. de A. Coelho
	Marli Caetano
	Sara C. de Andrade Coelho
COMITÊ EDITORIAL	Andréa Barbosa Gouveia (UFPR)
	Jacques de Lima Ferreira (UP)
	Marilda Aparecida Behrens (PUCPR)
	Ana El Achkar (UNIVERSO/RJ)
	Conrado Moreira Mendes (PUC-MG)
	Eliete Correia dos Santos (UEPB)
	Fabiano Santos (UERJ/IESP)
	Francinete Fernandes de Sousa (UEPB)
	Francisco Carlos Duarte (PUCPR)
	Francisco de Assis (Fiam-Faam, SP, Brasil)
	Juliana Reichert Assunção Tonelli (UEL)
	Maria Aparecida Barbosa (USP)
	Maria Helena Zamora (PUC-Rio)
	Maria Margarida de Andrade (Umack)
	Roque Ismael da Costa Güllich (UFFS)
	Toni Reis (UFPR)
	Valdomiro de Oliveira (UFPR)
	Valério Brusamolin (IFPR)
ASSESSORIA EDITORIAL	Cibele Bastos
REVISÃO	Andrea Bassoto Gatto
PRODUÇÃO EDITORIAL	Gabrielli Masi
DIAGRAMAÇÃO	Jhonny Alves dos Reis
CAPA	Eneo Lage
ILUSTRAÇÕES	Matheus Pillsky
COMUNICAÇÃO	Carlos Eduardo Pereira
	Débora Nazário
	Kananda Ferreira
	Karla Pipolo Olegário
LIVRARIAS E EVENTOS	Estevão Misael
GERÊNCIA DE FINANÇAS	Selma Maria Fernandes do Valle
COORDENADORA COMERCIAL	Silvana Vicente

PREFÁCIO

"— O que será de nós, Fernando?
— Calma. Vamos ao bar. Você já tem 18 agora, pode beber.
— Mas isso não nos ajudará! Estamos órfãos.
— Você prefere chorar. Eu prefiro voar."

E não estamos, todos nós, de alguma forma, órfãos, na sociedade contemporânea?

Talvez o sentimento de orfandade que leva o protagonista deste livro a buscar a sensação de voo livre e viver sem amarras ou radares seja algo sentido por todos nós, por isso o invejamos. Típico bicho grilo, Fernando Bartan se deixa levar na vida conforme a música: tudo acontece sem motivo. O despropósito é tanto que até os eventos surreais se naturalizam. Nada o assusta ou o afeta. Até o mais absurdo é parte do cotidiano da vida.

Ao narrar as transformações e mudanças de seu herói, Giovani Favero constrói a linguagem a partir de suas próprias experiências e amarras morais, denunciando um quê de alter ego na personalidade de Bartan. Trata-se de uma literatura quieta, cuja leitura se faz prazerosa pela sua simplicidade e na riqueza de se sentir.

"Sentia a dor, a angústia, estava me tornando livre".

Jeverson Machado Nascimento

SUMÁRIO

Prefácio 5

Viajantes na tempestade, um livro de Fernando Bartan 14

O dedilhar rápido dos dedos no piano em um lindo Blues 15

Ame-me duas vezes, eu estou indo embora 17

Rostos se formam na chuva. 20

Dias estranhos: os últimos dias do Sr. Bartan. 23

Criança selvagem 25

Nós, agora, devemos dizer adeus 27

O terceiro amigo imaginário de Fernando Bartan 29

Voando alto. 31

O melhor amigo do homem 32

Admirável nada de novo 33

A anatomia do grilo. 36

Pedro, o legal, em um dia de psicólogo. 38

Despertando as quatro e vinte e quatro 40

Teoria sobre o pensamento escrito às cinco da manhã 41

O pequeno Buda de madeira. 44

Mais de trezentos canais 46

A tentativa de devolução do pequeno Buda de madeira.................... 50

Sete dias longe do Sol... 52

Saudades do micromundo 54

Teoria da humanidade escrito às cinco da manhã. Retornando ao
assunto.. 57

Não há nada de bonito em prostitutas obesas e velhas.................... 59

O meu VHS preferido 62

Hortênsias azuis e o pavimento de pedra..................................... 64

Sapo da Paz 65

Dor de dente... 68

O cheiro das folhas de eucalipto queimando................................. 69

Necessidade de um animal macho 70

Corpo são, mente pouco criativa.. 72

Primeiro roteiro para livros apocalípticos.................................... 74

Segundo roteiro para livros apocalípticos 76

Terceiro roteiro para livros apocalípticos.................................... 79

Quarto roteiro para livros apocalípticos..................................... 80

Liberdade 82

O grito da borboleta 84

A lua é uma fera seca por sangue 86

Boneco no aquário 88

Jovem aprendiz 90

Sermões vazios à minha cabeça 93

A volta e a despedida de Pedro 95

Pequeno Buraco Negro 97

Deve ser um sinal 99

Prólogo

Depois de duas semanas em São Paulo eu retornava para casa. As poucas opções de ônibus interestadual me deixavam na rodoviária na madrugada sempre gelada do centro-sul paranaense. Saí do ônibus com a mala na mão. A vantagem de poucos passageiros era poder levar a mala dentro do ônibus e não ter que esperar a procura no imenso porta-malas. Por isso, peguei o primeiro táxi da fila, um Fiat Palio Weekend branco, bem usado. O taxista cabeludo me pergunta com um sotaque carregado do interior paulista.

— Pra onde, parceiro?

— Fernando Bartan! Não acredito! Caramba! Quanto tempo?

Dei um abraço apertado no amigo de longa data. A cabeleira era a mesma, mas ao sorrir observei a ausência de um incisivo e os dentes laterais inteiros escurecidos devido ao cigarro de baixíssima qualidade.

— Cara, taxista agora? Na última vez que te vi você estava instalando antenas de televisão. Parou?

— Com as antenas oficiais sim. Instalo as paralelas, vindas do Paraguai. Por sinal, foi o que me tirou do emprego anterior. Me entregaram para a supervisão que eu instalava nas horas vagas a antena "genérica".

— E você? Doutor? Passeando em Sampa?

— Trabalho.

— E me diga Fernando, tá gostando dessa vida de taxista?

— É bom, não precisa pensar, e vivo atualizado com a CBN.

— Inacreditável! CBN? E o espírito rock and roll?

— Está vivo ainda, porém hibernando.

— É aqui que você mora ainda doutor, certo?

— Sim!

Desci e me despedi do amigo por mais um período de tempo indefinido. "Fernando Bartan", falei alto ao entrar em casa.

Conheci Fernando em fevereiro de 1997. Ele foi o segundo colocado no vestibular, filho de uma família de classe média de Itapetininga, interior paulista. Chegou com todas as expectativas da juventude em uma universidade pública, aquele misto imaginativo de seriado americano com um pouco de *Malhação*, muito longe da realidade, porém motivadora.

Fernando possuía uma aparência de roqueiro, cabelos compridos e lisos, calça surrada, camisetas pretas com nomes de bandas ou com esqueletos. Era extremamente sociável, uma pessoa agradável, facilmente ficou amigo de todos. Não tinha talento para o futebol, mas se dispôs a jogar como goleiro do time. Sempre oferecia a república para fazermos uma concentração alcoólica antes das festas.

Da primeira festa de que me lembro com intensidade em sua casa colocamos o sofá para fora da casa pela janela frontal assim que ele foi ao banheiro. Pensei que ele iria achar ruim, mas que nada! Gostou tanto da ideia que acabou virando rotineira. Ah, tempo bom esse... Quando não tínhamos aonde ir, íamos à casa do Bartan. Comprávamos bebidas baratas, geralmente vinho de garrafão, tirávamos o sofá pela janela e ficávamos um bom tempo à toa.

Em uma das bebedeiras, Edelson, parceiro de república de Bartan, ficou sabendo da mudinha que tinha fogo sexual exagerado e que morava na esquina próxima a casa dele. Acompanhamos a tentativa de Edelson ao jogar pequenas pedras na janela da menina desejada. Aí contamos para ele que além de muda, ela era surda. Bons tempos.

O inverno extremamente frio e chuvoso fez com que Fernando se trancasse em casa por semanas. Ficamos privados de sua convivência e sem saber os motivos de sua clausura. Até que em uma conversa com Edelson ficamos sabendo da realidade de Bartan. Ele era de uma família exemplar, com pais participativos, do tipo amigo do filho para toda a situação. Quando completou 16 anos, a mãe foi acometida de um câncer devastador, que acabou com a vida dela em menos de oito meses, com muita dor e degradação humana. Então Bartan, com 18 anos, bebia, assistia repetidamente o filme do The Doors, de Oliver Stone, e esperava pelas notícias da saúde de seu pai, que padecia da mesma doença, comprometendo os pulmões por completo.

O inverno e o pai de Bartan se foram na mesma época. Com a primavera voltaram as festas do sofá passado pela janela, porém o olhar de Fernando nunca mais foi o mesmo. Era distante, algo que só vi em pessoas com o fim próximo. Não demorou muito para sabermos que ele tinha perdido o ano devido ao excesso de faltas. Apesar das notas altas que havia colecionado no início do ano, a mentalidade retrógrada de parte dos docentes universitários o impediram de continuar conosco nos estudos, vendo-o raramente em festas.

Em meados do outro ano, Edelson mudou de república e o contato com Bartan diminuiu. Lembro que fui visitá-lo no início de junho do meu segundo ano de faculdade, chovia e fazia frio. Ao entrar em sua casa vi que ele bebia vinho barato e assistia repetidamente o filme de Oliver Stone. Perguntei: "Doors de novo? Não enjoa?". Ele respondeu com um riso vago, estranho, como tanto faz: "Enjoa, mas é o único que tenho". Conversamos por um bom tempo e ele falou que tinha dinheiro para se manter por alguns anos e que iria fazer uma matéria ou outra da faculdade para sair de casa um pouco. Seu projeto era o livro que escrevia.

Lembrei-me disso agora, mas não perguntei para ele como andava o livro depois de uma década. Também queria saber se ele ainda assistia ao filme do *The Doors* e se ele fazia alguma matéria na universidade para passar o tempo.

Viajantes na tempestade,
um livro de Fernando Bartan

Olhando para a janela, com o olhar parado, acho que até sem piscar, como em todas as manhãs de sol, observava minha mãe cuidando das orquídeas. Fazia questão de acordar no horário certo para acompanhar essa atividade transcendental. Nós não estávamos presentes mentalmente naquele local. Fomos jogados a este mundo e abraçamos a forma humana, mãe e filho, iguais em sua forma de viver. Sentia o ar transformado em um plasma viscoso, o andar semelhante a um astronauta na superfície lunar. O café posto na mesa criava uma atmosfera de desenho animado. O pão falante, o café pulsante, o leite musical, a geleia em variação de cores e os talheres sempre frios.

— Fliper! Venha! Cadê o seu osso?

E o cachorro rodopiava no ar como uma broca de furadeira. Como ele faz isso? Será que ele também desembarcou por aqui? Um cão que não protege, não late e não tem osso. Cadê o extinto animal desse ser peludo rodopiador?

O mímico amador entra, passando da sala principal para a copa. É um grande ator familiar com esperanças presunçosas e uma bicicleta sem freio traseiro. Já caiu várias vezes, mas não aprende. Da última vez trincou um dente, ficou parecendo um canino a mais. Achei graça, ele não. Ainda acho graça. Dá até para fazer uma chamada: "O incrível mímico de três caninos". Fliper deve ter ficado com inveja. Os irmãos mais novos sempre aparentam ser menos espertos – e realmente são.

A tempestade chega de repente, o mundo se fecha. As gotas caem com uma força desproporcional. Cada pingo parece uma martelada.

— Mãe, corra para dentro!

— Não posso!

— Venha!

— Já é tarde para mim! Eu gostaria de acompanhar tudo! Estar contigo em toda a sua vida.

— Não desista!

— Tem um assassino na rodovia!

— Corra! Corra!

— Ele já me alcançou.

O dedilhar rápido dos dedos no piano em um lindo Blues

Tudo é lindo quando se tem dezesseis.

A coragem da imortalidade juvenil fez o desafio da escalada no paredão da represa. Uma queda seria fatal, mas éramos fortes como um herói de desenho animado. Estávamos em sete. Todos gostam do número sete. É algo místico, ou é mais um pensamento bobo passado de geração em geração. Como é interessante quando começamos a pensar em algo e viajamos para um assunto totalmente diferente do inicial apenas pegando a ponta da extremidade do pensamento inicial. Éramos sete escalando a pedreira.

Eu sempre gostei da pedreira, uma obra da dinamite. Por mais que os homens pensassem que foram eles, não foi. Foi a pólvora que moldou a arquitetura que contemplávamos sem parar.

— O que você olha tanto? É só um paredão.

— Parece feito à mão, uma pedra finamente separada por outra pedra. Será que passa algo nessa fenda milimétrica?

— Ar!

— Pode ser.

— Vamos, que hoje é dia da coragem! Ninguém vai amarelar.

Amarelar, que coisa... De onde será que vem isso?

— Ferrou?

— Por quê?

—O Japa já é amarelo!

De onde vem isso? Essa coisa de japonês ser amarelo.

Logo no terceiro lance da escalada eu caí. Braço quebrado! Estávamos no início de dezembro, sabe o que significa isso? Verão! Gesso! Suor! Atrofia muscular! Que merda!

— Ajudem!

— Quebrou?

— Sim! O braço.

— Não fale que foi na pedreira. Diga que foi jogando bola ou andando de bicicleta.

— Que dor!

— Não! Fale que foi atacado por lobos-guará. Você lutou com eles e depois de afugentar a maioria, você fraturou o braço ao enfrentar o líder da alcateia. Que massa essa palavra, alcateia!

— Por favor, me ajude! Combinaremos como quebrei no caminho para o hospital.

— E se você falar que correu para salvar uma criança de um atropelamento?

— Essa é muito romântica. Tenho uma melhor: você foi salvar um gatinho que estava no alto de uma árvore.

Todos riram.

— Veja a oportunidade! Essa é chance de você trocar os beijinhos com a Pamela para algo mais sério.

— Verdade.

E o braço quebrado foi o álibi para um verão de braço quebrado e o início de um louco amor.

Acelere! Acelere! O futuro é incerto e o fim está sempre perto.

Mente vazia, oficina do demônio. O demônio da mente, mente. Ah, braço quebrado! Ah, tempo ocioso. Ah, casa, som, suor, fedor. Enjoei da Pamela. Com ela perdi a virgindade, com ela aprendi o prazer da carne, a mesma carne que atrofia em meu braço engessado. Chega dos dezesseis, que venha o que vier. Sei que sou frágil.

Ame-me duas vezes,
eu estou indo embora

Iniciamos agora a tão esperada lista do vestibular. Não faremos por ordem alfabética, faremos por cursos mais concorridos. Agora, a lista de Farmácia e Bioquímica. Olha aí, os futuros calouros dos medicamentos, das drogas... Risos... Por ordem de colocação... Primeiro... Segundo... FERNANDO BARTAN.

— Ahhhhhhhhhh! Uhuuuu! Passei!

— Então você vai me deixar!

— Caramba, você não está feliz? Eu vou estudar em uma Universidade pública. Te amo, mulher.

— Volte aqui, Pamela. Não saia. Não chore.

Felicidade? Felicidade?

— Foda-se.

Vou sair correndo pelas ruas.

— Pega o Fernando. Vai perder a cabeleira!

— São anos de cultivo. Vão correr pra caramba pra me pegar.

Ovo! Já me pegaram.

Agora virei bolo, ovo e farinha.

Lynyrd Skynyrd, com certeza é o melhor nome que uma banda pode ter.

— Venha, Pamela, vou te pegar. Fazer um bolinho bem casado.

Abracei a minha garota com todo o gosto do mundo. Agora eu era universitário, transava com frequência, dirigia o carro do papai, bebia pra valer, fumava maconha, tocava baixo e curtia a vida.

— Adoro quando você sorri. Vou te levar de volta para o meu quarto. Fazer um amor sujo de ovo e farinha e fumar um. É o que precisamos.

— Mas você vai embora.

— Só em fevereiro. E não é para outro país. É logo ali, menos de duzentos quilômetros.

Aquele sorriso agradável, com doçura e malícia que só as meninas novas com tesão sabem dar. Que gostoso.

— Me ame duas, três, dez vezes. Eu vou embora. Mas antes escute essa música. Eu vou traduzi-la para você.

"Freebird" (LynyrdSkynyrd)

If I leave here tomorrow

Would you still remember me?

For I must be travelling on, now

'Cause there's too many places I've got to see

But if I stayed here with you, girl

Things just couldn't be the same

'Cause I'm as free as a bird now

And this bird you cannot change

And the bird you cannot change

And this bird you cannot change

Lord knows, I can't change

Bye, bye, baby, it's been a sweet love, yeah, yeah

Though this feeling I can't change

But, please, don't take it so badly

'Cause Lord knows I'm to blame

But if I stayed here with you, girl

Things just couldn't be the same

'Cause I'm as free as a bird now

And this bird you'll never change

And the bird you cannot change

And this bird you cannot change

Lord knows, I can't change

Lord, help me, I can't change

Lord, I can't change

Won't you fly high, free bird, yeah

"Pássaro livre"

Se eu partisse amanhã

Você ainda se lembraria de mim?

Pois eu devo seguir viagem, agora

Porque há muitos lugares que eu preciso ver

Mas se eu ficasse aqui com você, garota

As coisas simplesmente não seriam iguais

Porque sou tão livre quanto um pássaro agora

E este pássaro você não pode mudar

E o pássaro você não pode mudar

E este pássaro você não pode mudar

O Senhor sabe, eu não consigo mudar

Tchau, tchau, baby, tem sido um amor encantador, sim, sim

Embora este sentimento eu não possa mudar

Mas, por favor, não leve isso muito a mal

Porque o Senhor sabe que sou o culpado

Mas se eu ficasse aqui com você, garota

As coisas simplesmente não seriam iguais

Porque sou tão livre quanto um pássaro agora

E este pássaro você nunca vai mudar

E o pássaro você não pode mudar

E este pássaro você não pode mudar

O Senhor sabe, eu não consigo mudar

Senhor, me ajude, eu não consigo mudar

Senhor, eu não consigo mudar

Você não vai voar alto, pássaro livre, sim

Rostos se formam na chuva

"Definitivamente, você é estranho". Eu era normal quando estava em casa, mas aqui todos são estranhos. Falam outro português, vestem-se diferente, gostam de coisas que não me atraem. Acho todos feios. Estou só.

— Fernando!

— Fernando, onde você está?

— Longe.

A cabeça grande cheia de cabelos duros do meu novo colega me perturba. "Vou embora", penso. Ainda é a primeira semana. "Estejam preparados, esses serão os melhores anos de sua vida". Mais uma vez essa conversa. "Será?"

A Histologia me atrai. Longitudinal, transversal, antero-posterior, hematoxilina, eosina. Fibroblasto, cada célula com um super nome. Megacariócito, este é o melhor, meio megalomaníaco. O mundo para em frente ao microscópio, tudo é azul e rosa.

— Você é do interior de São Paulo?

Em três dias é a primeira vez que uma menina dirige a palavra para mim.

— Sim.

— Já vi que você gosta dessa matéria.

— Sim.

— Você fez a descrição e a exemplificação desenhada rapidamente. Será que você não poderia me ajudar?

— Claro.

O olhar de enganei o bobo ficou claro em sua face. "É a vida", pensei. Ajudo, não custa nada.

Fiz rapidamente a atividade para ela também. Era a última aula. Segui sobre a chuva fina até o ponto de ônibus. A garoa com vento molhava como a névoa d'agua de uma cachoeira, porém muito fria. Antes de chegar ao ponto já não sentia a ponta dos pés.

Em pé, molhado, com frio, esperando o transporte coletivo. Ali, parado, encolhido, vejo que passa em minha frente com o seu carro branco, limpo, quente, a colega da aula de Histologia. Ela me olha enquanto faz o retorno, uma mudança rápida na direção da face para tentar mostrar que não viu o cachorro molhado no ponto de ônibus.

Quinze minutos depois entro no abafado transporte. Janelas fechadas. As ruas se tornam mais irregulares quando se está triste. Vejo a chuva engrossar, rostos se formam – Pamela, Karen, Diana, pai, mãe...

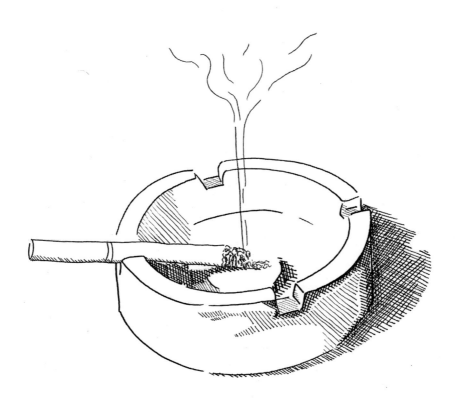

Dias estranhos:
os últimos dias do Sr. Bartan

Estranhei o andar repetitivo do velho Bartan, nem tão velho assim, ainda na quarta década de vida. Provavelmente, ele era a pessoa mais ativa que conhecia. Trabalhava como um louco no banco, jogava tênis como um profissional, nadava, andava a cavalo – por sinal, adorava esse tipo de animal. Eu, particularmente, não gosto. Acho uma beleza bruta com um ar de desespero. Parece que o corpo é forte demais para um bicho com pouco pensamento. Bom, eu acho que eles sentem essa pressão de se ter uma força extraordinária com algum tipo de compromisso.

Por um tempo só olhei, até que ele acendeu um cigarro. Ele já sabia que eu estava fumando também. Não me criticava, pois sabia do prazer proporcionado pela fumaça do tabaco queimado. Resolvi conversar, ir ao seu encontro.

—Fernando, quer um Marlboro?

— Eu aceito um, pai.

—Os dias estranhos nos encontraram.

— Como assim, não captei?

— Os dias estranhos nos rastrearam. Eles vão destruir nossas alegrias casuais.

— Não estou entendendo nada. Eu sei que a dor da perda da mãe acabou com a alegria da casa. Não há mais flores do jardim, não há brilho nos olhos de meus irmãos. Você tem que ser forte.

— A qualquer lugar que eu vá vejo que olhos estranhos ocupam salas estranhas. Eu tenho câncer de pulmão avançado.

A palavra direta, sem rodeio, penetrou como um bisturi, separando minuciosamente o tecido razão e emoção. O choro ficou preso, traguei com mais intensidade.

— Sem perspectiva, meu filho.

— O que faremos?

— Vivam.

— Mas tanta coisa... Por que tão perto da mãe? O que será de nós?

— Quer outro cigarro, filho?

— Quero.

Abracei-o com ternura, com a certeza de vários eminentes fins. Não conseguia chorar, ele também não.

Ficamos nos olhando, próximos um do outro. Ele se afastou um pouco de mim, segurou minha face com as duas mãos, olhou em meus olhos, os dele mostravam um vazio profundo. Não conseguiu dizer mais nada, nada, nada. Eu também não.

Criança selvagem

Fechei os olhos e me senti vivo. A inversão timpânica associada a um soluço com frequências lentas me conduziu a outro lugar. Sentia que havia cores presentes no ar, transformando o que eu achava que me rodeava em uma espécie de aurora boreal. Repentinamente, a percepção de tempo, cores, respiração com soluço, fez-me crer que eu estava flutuando. Ah, como queria ir até a Lua! Não gostava do frio, e "deve fazer frio no caminho até lá", pensei.

Música, agora escutava o que sempre desejei, uma orquestra de pássaros regida por um roedor gigante, uma mistura de ratazana e toupeira. Aquele lindo ser com dentes gigantes precisava de um nome. Não, ele devia ter um nome. Um regente dessa qualidade deve ser muito conhecido. Se tivesse condições perguntaria para ele, mas achei melhor apenas prestigiar a sinfonia oferecida.

"Bem que o soluço poderia passar", pensei. Tampei o nariz com a mão formigante, quase não sentia os dedos. Não gostava de frio, mas será que estava frio? Com as narinas fechadas, contive a respiração pelo maior tempo que consegui. Vômito. O pouco que possuía no estômago veio na forma de um rio cinza, com pedaços de madeira, provavelmente do Chile. Em uma delas, um pequeno cogumelo brilhava. Parecia prateado, mas era apenas a resposta aos raios de sol que incidiam sobre ele.

"Que bom! O soluço se foi", pensei enquanto sentia o cheiro azedo, sulfídrico, do vômito em minhas roupas. Não queria abrir os olhos, ainda era cedo para voltar a minha vida ordinária. *"Let the day go on and on"*.

A ratoupeira aumentou a intensidade da orquestra. Os pássaros começaram, então, a voar em espiral ao redor da minha cabeça. Apavorado, pensei que eles conseguiriam entrar em meus ouvidos. Comecei a me bater e a gritar: "PAREM!". Foi inútil, a ratoupeira chegou próximo. Consegui sentir a respiração desse monstro entre os enormes dentes. "Por quê?"– gritei. A gargalhada do roedor ecoou em todo o quarto, fazendo parte da sinfonia. Risos, pássaros cantando, a aurora boreal perdendo as cores. Ainda não era hora de abrir os olhos.

Chorei. Os risos aumentaram. O cinza dominou o recinto. Tateou os bolsos à procura de um cigarro. Sentia o peso da lenha do riacho de meu vômito no peito. Achei, mas não tinha condições de acender. Esfarelei o fumo com os dedos e discretamente inseri no nariz. Silêncio, a orquestra parou. A ratoupeira resmungou algo, como em um tom de despedida, um agradecimento formal, porém pouco sincero. Os pássaros pareciam se retirar em fila indiana.

Eu não queria abrir os olhos, estava com medo de ter ficado daltônico. Sabia que ninguém virava daltônico, mas estava apavorado com a possibilidade. "No três abro os olhos". Não tive coragem. "O que será que a orquestra fez por aqui?"

Abri os olhos. O vômito havia se espalhado por todo o recinto, porém me assustou, e muito, ao perceber que estava a menos de trinta centímetros da janela. Se caísse seria apenas por uma vez.

Nós, agora, devemos dizer adeus

A fatídica notícia chegou através do meu irmão mais novo, nosso pai tinha partido. Não perguntei como, não queria saber os detalhes.

— O que será de nós, Fernando?

— Calma. Vamos ao bar. Você já tem dezoito agora, pode beber.

— Mas isso não nos ajudará! Estamos órfãos.

— Você prefere chorar. Eu prefiro voar. Venha! Vamos nos abastecer.

O choro intermitente de um irmão mais novo em um momento pelo qual você também não quer passar. Agora eu era o mais velho da casa, não apenas o primogênito.

Eu prefiro vinho, mas esse dia vai ser de uísque.

— Vamos. Uísque em um bar que nos faça viajar em pensamento. Amanhã resolvemos o que tem que ser feito. Hoje é dia de fugir.

Durante o caminho percebi que os carros não emitiam barulho – *no noise*, o cachorro latia em mímica, as pessoas gesticulavam. Silêncio absoluto.

— Montgomery!

— O quê, Fernando?

— O bar que vamos.

O local era muito melhor do que imaginava. Muitas meninas, bom som, preço justo. E iniciamos o abastecimento do navio de cristal. Iniciei, ali, nesse fatídico dia, a apresentação do arsenal de drogas que eu tinha disponível.

O terceiro amigo imaginário de Fernando Bartan

— Você é o Pedro, certo?

— Sim.

— O real ou o imaginário?

— O que divide o aluguel contigo.

— O chato.

— Por que isso agora, Fernando?

— Eu estou procurando o outro Pedro, o legal.

— Que outro? Só tem eu aqui.

Eu comecei a rir sem parar. Não podia deixar de achar aquilo engraçado.

— Qual foi a graça agora?

— Um Pedro legal só pode ser imaginário.

E gargalhei com mais intensidade.

Pedro, o real, saiu com a cara fechada, sem aguentar mais as estranhezas do amigo.

Sentei no sofá e comecei a analisar os buracos presentes nele. A avaliação era simples: se o corte era no sentido antero-posterior – ou profundidade, para ficar mais claro –, era caso de peso. Um gordo sentou-se várias vezes na mesma posição e forçou bem no meio do racha da bunda até o pobre do sofá não aguentar. Bom, como o sofá não era dos melhores, não precisava ser muito gordo, apenas ter um peso superior ao suportado pelas espumas de péssima qualidade.

Mudei de lugar, não queria fazer outro rasgo profundo. E os cortes laterais? Bom, esses foram realizados pela indelicadeza dos proprietários. Estavam mais associados a unhas, facas, perfuro cortante. Que palavra legal essa, ou melhor, associação de palavras. Separadas não têm tanta graça – perfuro, cortante –, porém, juntas, tornam-se uma faca. Ri sozinho novamente pelo pensamento. Foi a deixa para a chegada de Pedro, desta vez, o legal.

— Tá rindo do quê?

— Da graça das palavras.

Expliquei para ele a questão do perfuro cortante.

— Eu gosto de palavras que vêm de sons, tipo quero-quero, tique-ta-que. Tem uma coruja conhecida por Murucututu. Louco, né?

— Pedro, você é o cara mais inteligente que conheço, e ainda é meio mágico. Aparece e some. Você não é um fantasma. Ou é?

Dessa vez, quem riu foi Pedro. E demorou para se conter. Ri junto.

— Quantos quilos você pesa, Pedro?

— Por quê?

— Queria propor uma atividade para você. Simples. Você se sentaria no mesmo local, todos os dias, neste sofá. Aí avaliaríamos se as fibras do tecido seriam resistentes ao seu peso. Se não, poderíamos avaliar a abertura formada. Se você topar, vou deixar uma folha de papel e uma caneta ao lado do local para que você possa anotar o tempo que ficou sentado. É simples. Posso contar contigo?

— Claro. Te informo meu peso amanhã, ok?

—*No* problema.

Sentando sempre lado a lado, eu e Pedro, o legal, analisamos o sofá por mais de um mês. Elaboramos uma equação baseada em peso, tempo, largura e profundidade do glúteo, e repetição.

A resistência do tecido do sofá de baixa qualidade era suscetível a essas variantes somada ao tipo e forma da espuma. Bom, levou mais um bom tempo para fazer as anotações relativas à química e à física da espuma.

Voando alto

Ao olhar pela janela do terceiro pavimento da maior construção do campus universitário vi uma ave solitária voando em círculos ao redor de uma araucária. Minha alma imediatamente saiu do corpo e incorporou o passeio sobre a Harpia. Sim, era uma.

O bico cortando o vento, projetando com intensidade o mover das penas, a liberdade. Vira-se para baixo, embalo ampliado, garras em posição de ataque, a fuga. Não consegui ver o que era, moveu-se com esperteza para fugir do bote. Um, dois, três batidas das asas e o céu de verão em frente. Subida, subida, descida, descida. *Será que eu vou morrer?* A descida foi com mais velocidade dessa vez, porém sem um objetivo de captura, apenas gentilmente passando por sobre as construções. Ela sabia que carregava alguém.

O voo seguiu-se panoramicamente pelas planícies, solitário. O olhar com ampla visão observou lebres, ratos, lagartos, mas, assim como eu, a Harpia seguia sem interesse, sem vontade, o único prazer que valia naquele momento era a velocidade do ar batendo em sua face, asas, peito. Mais alto, mais veloz, mais ausente. A inclinação súbita em direção a terra. "Será que eu vou morrer?" Não dessa vez.

— Fernando!

A alma foi dragada em milésimos de segundo para o corpo cansado, melancólico, sem asas. Em desespero, olhei para a janela e pensei: "Me leve em seu voo!"

O melhor amigo do homem

O dia estava gelado, chuva fina, a depressão no ar, a cada inspiração um pouco de tristeza penetrava meus pulmões. Tirei do bolso mais um cigarro de péssima qualidade, acendi, olhei a brasa com admiração, gostava do fogo. O homem é fruto do fogo, sem o sol não há vida. Comecei a unir pensamentos, estava nessa fase agora, uma ideia deveria seguir a outra ideia e a cabeça não poderia parar nunca. "Cabeça vazia oficina do demônio", cabeça cheia oficina da melancolia, emendei.

Os dias chuvosos são mais frutíferos para a sinapse neuronal, não há como negar. Deve ter alguma coisa relacionada à sensação de frio nas extremidades. Não estou sentindo meus dedos dos pés há algum tempo. Mais uma tragada. Até chegar em casa estarei completamente molhado. Quem disse que essa garoa não molha? Sorte que estou de cueca boxer hoje. Quem será que deu o nome a essa coisa?

Inacreditavelmente, no meio da tarde uma neblina desceu sobre as ruas a minha frente. Chuva fina, neblina, só falta me aparecer um monstro sanguinário. Não foi bem isso que apareceu, mas um pequeno cachorro preto com dentes tortos para o lado esquerdo. Não era grande, mas um vira-latas típico. Dei uma gargalhada com gosto, como há muito tempo não fazia, "Um cachorro bolchevique, todo de esquerda", os risos aumentaram com a constatação. "Venha, venha. Quer uma tragada?". O cachorro se aproximou. Não era muito chegado ao tabaco, mas respondeu ao chamado. Se ele me acompanhar vai morar lá em casa. Nada de portas fechadas, vai ser tipo um gato, entrar e saira hora que quiser. Liberdade, fraternidade e igualdade, o cão bolchevique vai ter uma vida liberaria.

E o cão seguiu o seu novo amigo sem pestanejar. A cada tragada no cigarro eu dava uma risada. A chuva engrossou, a estranha neblina sumiu, e o negro cachorro de dentes tortos, como se tivessem feito à mão, seguia--me abanando o rabo. Iniciava, ali, uma bela amizade. Você precisa de um nome. "O melhor amigo do homem..." Uísque! Mas você é preto... Senão, com certeza, seria Uísque. Mais uma tragada funda, um sopro em direção aos céus da fumaça, as águas caindo sobre a minha face. The End! Você vai ser o The End, meu amigo soturno, saído das neblinas improváveis, em meio a uma chuva chata de um dia depressivo, com uma cueca boxer molhada. *The End, my only friend The End.*

Admirável nada de novo

Sentei na última fileira de carteiras da sala, tentando ficar sozinho. Baixei o boné para que ninguém tentasse conversar comigo. Era uma aula de Química Orgânica, a disciplina mais temida de todos os meus colegas. Para mim era uma questão de conhecimento e lógica, não tinha dificuldade alguma com o assunto. Estava preocupado mesmo com a civilização sem estabilidade social. Temos todo o modelo desenhado, estamos fazendo a nossa parte no teatro montado, porém é só observar nas ruas e constatar que não está funcionando.

Os acadêmicos iam entrando na sala de aula fazendo muito barulho, eu observava sem chamar atenção, observava o padrão comum entre eles. As meninas com um estilo pseudo-sexy-discreto. Será que isso existia? Bom, ali existia. Como a Clarice estava deliciosa aquele dia. Bom, não era isso que interessa. Agora vinham os iguais. As mulheres, apesar de certo padrão, tentam ser um pouco diferente das outras, mas os caras, não, é a velha calça jeans, uma camiseta ou uma polo. Bom, eu também estava assim.

— Fala, Fernando.

— E aí?

— Tá dormindo ou não quer papo com ninguém?

— Tô tranquilo. O que manda?

— Que tal a Clarice?

— Tá gostosa mesmo.

Felizmente, para mim, a aula começou. Benzenos, furanos, toluenos, metanos. O mundo era o carbono. Caramba, estamos vestidos iguais, pensamos na mesma menina, somos a mesma coisa.

Duas horas de teoria e a turma estava "carbonizada". Não resistiu à infame piada.

— E aí, Fernando, topa uma cerveja?

— Vamos. Pra variar estou com pouca grana, mas se for cerveja barata podem contar comigo.

— Cara, universitário só toma cerveja barata.

"Padrão", pensei.

— Marquinhos falou que vem mais tarde. Está tentando fazer um projeto com o professor Jorge EstefanioAustraus, o nome do momento no campus, com várias publicações.

— Quem nasceu para ser sudra não vira brâmane.

— Do que você esta falando, Fernando?

— Nada. Nosso papel já foi decidido antes do nascimento.

— Tá louco? Nem bebeu direito e já está filosofando.

— Estou tranquilo. Não é tão ruim assim ser um sudra.

— Sudra?

— Deixe para lá. Me passa mais um gole de soma.

— Que marca é essa, Bartan? Não tem essa cerveja aqui.

— Passe essa que está na sua frente mesmo.

— Mudando de assunto, achamos que você tinha desistido do curso. Acho que fazia uns quarenta dias que você não aparecia.

— Eu nunca existi do curso. Cansei de ficar em casa e resolvi ver um pouco do mundo dos carbonos para passar tempo. Até o carbono tem castas. Pode ser grafite, carvão ou diamante.

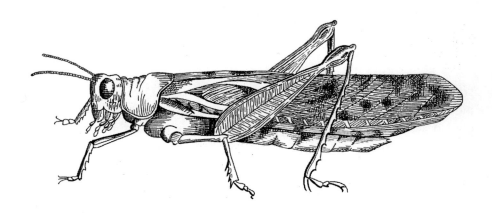

A anatomia do grilo

No beiral esquerdo da janela quebrada do meu quarto havia um grilo. Não era desses normais. Tinha algo especial, e não era uma cartola mágica como nos contos infantis. O grilo tinha personalidade, dessas que você confronta olho no olho. No caso do grilo, olhos compostos. Sim, eles têm omatídeos que distinguem a claridade da escuridão. Cada olho composto tem de 12 a 1.000 omatídeos. Eu sabia disso. Cheguei próximo ao interruptor da luz e comecei o liga e desliga da lâmpada fraca que possuía em meu melancólico quarto.

A ideia era romper o ar de superioridade do grilo. Vou deixar ele bêbado só com o ligar e desligar dessa lâmpada de sessenta watts de baixa qualidade. Liga, desliga, liga, desliga, liga, desliga, liga, desliga, liga, desliga, liga, desliga, liga, desliga.

Nada. O bicho parecia uma pedra, com o olhar composto mostrando a arrogância do dícero orgulhoso. É isso! Uma nova estratégia para fragilizar o ser superior naquele ambiente. As antenas dele sentem cheiro, tato, escutam. "Que legal se nós tivéssemos antenas", pensei. Já sei, vou procurar a coisa mais fedida que tenho por aqui e aproximar de suas antenas multiuso. Eu sei que com uma simples chinelada poderia mata-lo, mas seria uma espécie de covardia do troglodita. Preciso vencê-lo psicologicamente e ver se ele percebe que esse é meu território. Aí, ele sentindo-se derrotado, vai embora.

Meia! É isso! A meia de vários dias e ainda curtida dentro da bota de couro. Vagarosamente, coloquei a meia a poucos centímetros das antenas do grilo, que ignorou, permanecendo estático, com os olhos compostos mostrando a superioridade e a tranquilidade de um monge tibetano frente a um grande e eminente confronto.

"Desaforo!" Deixe-me pensar... Gânglio cerebral, gânglio esofágico, sistema digestório, artéria dorsal, coração – que não é bem um coração, mas funciona como –, mandíbula, ovários – é uma fêmea, com certeza. O macho fica fazendo aquele barulho chato –, tubos de Malphighi, vagina, ânus, órgão ovipositor, antenas, olhos compostos. Ah, esses olhos compostos! Calma, talvez a saída seja a tíbia da perna dianteira. Lá tem os órgãos timpanais de detecção do som. Eureca!

Preciso de algum som que seja irritante. Vou colocar na rádio popular da cidade. Três a cada três músicas são ruins.

Após algumas músicas e a ausência de efeito sobre a postura coronelista do grilo, eu resolvi apelar. Fui até o quarto do Pedro, o chato, e peguei o disco do Osvaldo Montenegro. Criei coragem, coloquei desde o início e, para meu espanto, após alguns segundos da voz monótona do cantor, o grilo começou a se movimentar com aflição. Ecdise! A música perturbou tanto que fez com que o inseto resolvesse trocar o seu exoesqueleto. Ah, o poder do Osvaldo! Comecei a me irritar também. Aflito, tentei trocar meu exoesqueleto, contorcendo-me todo no chão.

Pedro, o legal, em um dia de psicólogo

Eu estava esparramado na cama como quem está a ponto de cair. Olhei em direção a Pedro, encostado na porta de entrada do quarto abafado e com a névoa escura do cigarro de baixa qualidade.

— O que te aflige, Bartan?

— Nada. Não tenho medo de nada.

— Todos têm. Deve haver algo que te cause agonia, aflição, pense bem.

— Bom, existem várias coisas que eu não gosto, como água fria nos dias mais gelados de inverno, mas isso não é medo, é outra coisa. Exemplos como esse eu tenho vários.

— Continue.

— Caneta esferográfica sem tampa. Não consigo escrever sem a porcaria da tampa. Fico agoniado. Pasta de dentes que não faz espuma. Meia furada. Molho de tomate com muita casca. Um pouco até vai, mas em excesso me perturba.

— Estamos evoluindo. Acho que em breve acharemos um medo angustiante dentro de você.

— E se acharmos, o que faremos?

— Eu nada, mas você vai confrontá-lo.

— Estou tranquilo aqui. Sou da paz, não quero confrontos.

— O medo traz guerra. Se quer paz tem que enfrentar seus medos.

— Tudo bem. Vou esperar um dia bem frio, colocar uma meia furada e em seguida escovar os dentes embaixo do chuveiro vertendo água fria.

— Não vai. Você vai encontrar... Ladrão? Morte? Deficiência? Doença? Animais?

— Calma. Bingo! O que mais me aflige são farpas de madeira. Há pouco tempo entrou uma pequena lasca de uma cadeira embaixo de uma de minhas unhas e eu fiquei em desespero. Parecia que estava sendo queimado ou tinha caído em uma piscina de ácido sulfúrico. Pronto! Agora você está feliz?

— Sim.

— E por que esse sorriso malévolo em sua cara?

— Agora temos que curar o seu medo. Eu sei como. Pegue os seus óculos de natação.

— Por quê?

— Tudo bem farpas na pele, mas nos olhos ninguém merece.

Segui o conselho de meu amigo legal. Achei facilmente os óculos de natação jogados junto às fitas-cassetes e o avental de algodão utilizado em algumas aulas da faculdade. Sem falar nada com o meu novo psicólogo, peguei os óculos, fui em direção ao andar inferior, peguei a bicicleta do outro Pedro, o chato, e saí em direção à entrada da casa. Fazia pelo menos uma semana que não sentia a sensação do sol penetrando a minha pele exageradamente branca. O prazer que o calor proporcionou foi um estimulo para a missão que teria. Subi na bicicleta e fui em direção ao norte da cidade. Sabia o caminho da Madeireira Wlasenko. Nunca pude brincar lá quando criança, mas foi lá a primeira vez que me feri com uma milimétrica lança de madeira, que entrou lateralmente em meu cotovelo. Só de lembrar senti o desespero, o suor gelado da memória escorreu lateralmente em minha pestana. "Eu tenho que superar esse medo se quero ter paz", pensei repetidamente, como se fosse um mantra.

Cheguei à Madeireira e fiquei esperando todos os funcionários irem embora. Ainda sentado sobre a bicicleta, brincava com os óculos de natação entre os dedos. Assim que o movimento cessou, já com os óculos bem encaixados sobre os olhos, retirei a camiseta, levantei a calça expondo a canela peluda e branca, tirei os tênis e procurei um local onde pudesse rolar por sobre as pranchas de madeira, ainda com suas pequenas e pontudas farpas à amostra. Encontrei o local ideal, o suor escorria por todo o corpo. Angustiado, deitei sobre uma sequência de quatro tábuas que se projetavam superiores a uma grande quantidade de outras que estavam inferiormente abaixo delas. Deitado, posicionei os braços junto ao corpo, respirei fundo e rolei vagarosamente, tábua por tábua. Cai sobre a pilha seguinte e continuei a rolar. Cheguei ao final, retornei. Precisava superar a angústia. Repeti as idas e vindas até que meu corpo estivesse forrado com pequenos fragmentos de madeira. Sentia a dor, a angústia, estava me tornando livre.

Despertando as quatro e vinte e quatro

Já é o quarto dia seguido que acordo as quatro e vinte e quatro. Não é um simples despertar. É, simplesmente, o abrir os olhos em um estado de alerta, voltar a dormir é impossível. Essa situação de acordar com vários pensamentos ao mesmo tempo é perturbadora. O que mais venho pensando é em minha insignificância. Vamos a um breve relato.

Nascido em uma cidade de baixíssima expressão em uma região de divisa de dois estados de importância, porém na economia mais pobre dessas duas regiões. Sem contar que aqui é Brasil, numa avaliação global, uma selva. Então, como selvagem de uma região pouco significante, cresci educado por uma família sem sobrenomes tradicionais, estudando em colégio de freira de segunda categoria. Não entrei na fila dos talentos artísticos – sei tocar violão e baixo, mas em uma escala de zero a dez, ficaria com um quatro e meio. Esses dias tentei fazer um desenho a lápis mesmo. Sem brincadeira, se alguém visse acharia que era de uma criança de 6 anos, e sem talento, porque tem gente que com 4 ou 5 anos desenha e pinta como mestre. Esses, com certeza, entraram na fila das artes.

Bom, não sou bonito, nem feio; não sou alto, nem baixo; não sou inteligente, nem burro; não sou bom em esportes, nem ruim. Lembrei-me de uma passagem da Bíblia em que fala que deveríamos ser quentes ou frios, que os mornos seriam vomitados. Pensando nessa analogia é bom eu ir me acostumando em nadar no azedume do suco gástrico a ser expelido. Ficou até bonito escrito dessa maneira.

Dó, não tenho dó de ninguém, nem de mim, e pensando bem, ter dó de um nada do interior que está prestes a ser vomitado é perda de tempo. Gosto muito da visão de Nietzsche em relação ao dó. Até onde me lembro, ele explora esse sentimento como uma situação que só pode tê-lo quem se julga superior ao outro. Iguais não têm dó. Preciso procurar outros que estão a serem vomitados. Tudo isso e ainda são quatro e meia.

Pensando bem, acho que seremos todos vomitados, pois nem saber como funciona o pensamento o ser humano sabe. Tudo que é dito sobre o assunto é meio fantasia, o cérebro é uma incógnita. Antes das cinco pretendo fazer uma teoria sobre o pensamento, mas preciso criar coragem para me levantar, afinal, está frio e ainda não apareceu um raio de sol.

Teoria sobre o pensamento escrito
às cinco da manhã

O pensamento só existe no momento em que o fazemos. Assim, ele é uma situação apenas de presente, não possui passado nem futuro, é imediato. Então, se eu programar uma ideia a ser pensada, a programação da ideia é o pensamento, e ela só existe naquele momento.

Como somos fadados à melancolia. Eu gostava – não sei se ainda gosto – dos pensadores clássicos. O que eles pensaram fazia menção a um momento, que segundos depois seriam passados daquela hipótese criada, podendo ser, então, diferente em um segundo momento pensado.

Ah, a bílis negra... Essa é uma ideia que me atrai, mais pelo nome do que pelo significado médico da época. A bílis negra era fria e seca, produzida no baço, um dos quatro humores que deveriam permanecer em equilíbrio para que se tivesse saúde. Alterações nesse humor levariam à melancolia, porém na época esses sintomas também eram relacionados à personalidade das pessoas; um indivíduo melancólico era ligado a terra, idealista, intenso, profundo, analítico. Que legal esse tipo de visão. As pessoas, ou eram ligadas ao fogo, à terra, ao ar ou à água e as suas personalidades estavam atreladas a um dos humores que faziam a fisiologia equilibrada do corpo humano. Será que evoluímos ou regredimos no pensamento? Bom, o pensamento, volto a falar, é momentâneo, ou seja, o que foi dito é passado. Tudo é passado. Só o pensamento do agora é presente.

Até que para as cinco da manhã estava indo bem a Teoria do Pensamento.

O que mais me irrita na espécie humana é a falta de história. Pense bem, ninguém passou a verdade para frente. Como o *homo sapiens* eliminou o *homo neandertal*? Guerra? Deboche? A nossa origem é um mistério, uma coisa oculta. Bem, lembrei-me de Fernando Pessoa: "O único sentido oculto das coisas é que elas não têm nenhum sentido oculto". Então não sabemos nada mesmo. Mas aí fica o vazio, a melancolia. Acho que está na hora de algum gênio europeu escrever alguma coisa sobre a primeira grande guerra de verdade, entre o pós-macacos x humanos. Tem que ser europeu, pois se for um latino ou um norte-americano não terá muito crédito. Para a guerra ter repercussão tem que acontecer na Europa; no caso, ter ocorrido. Agora, após o livro dessa batalha épica dos africanos *sapiens* contra os europeus *neandertais*, o filme deverá, necessariamente, ser realizado em Hollywood.

Imagina o que geraria de dinheiro, novos livros escolares e romances abordando a opressão contra os *neandertais*, ou o amor de um *sapiens* e uma *neandertal*, que fogem e vão para um ponto remoto da Terra! Mas a natureza acaba com o sonho dessa nova aliança entre espécies, ou melhor, nasce um ser híbrido, que vira líder e inventa a política monárquica. Ah, o auge serão as trilogias filmadas nos EUA, camisetas, canecas, bonés, jogos de videogame, capas para celulares, aquela corrida até o Paraguai para buscar produtos e vender no Brasil.

Bom, vamos mencionar Goebbles: "Uma mentira repetida mil vezes torna-se verdade".

Acho que perdi o foco. A ideia era a Teoria do Pensamento. No início dos anos 80, um físico e um neurocientista estudaram a possibilidade de tudo o que produzimos como ideia seguiria o padrão de um holograma. Achei boa essa teoria, pois ela combina com as demais – não sabemos nada. Você pega um livro de fisiologia do sistema nervoso e lê que tudo que passa na sua cabeça é fruto de reações químicas e impulsos elétricos. Agora me deu vontade de colocar um garfo na tomada. Brincadeira. Prefiro a questão química, é mais poética.

Charles Bukowski: "A história da melancolia inclui a todos nós".

O pequeno Buda de madeira

Após tomar o café requentado de dias atrás, com um gosto que lembrava terra com nicotina, uma sensação de que eu deveria sair ao encontro de algo começou a me angustiar a alma. Saí pelas ruas do meu bairro, que era próximo ao centro da cidade, sem uma rota definida. Tinha apenas a certeza de que algo estaria em meu caminho.

A falta de movimento de pessoas em uma região intensa da cidade me chamou atenção. Deveria ser final de semana ou feriado, ou alguma coisa poderia estar acontecendo no mundo das pessoas ordinárias que eu não estava à parte. Resolvi evitar as avenidas. O que me chamava deveria estar em algum local pouco provável.

Parei para analisar o telhado estilo europeu de uma casa. Acho que estão na esperança de que um dia a neve cairá. Bom, se o aquecimento global for um fato, ele precederá uma segunda era glacial que, provavelmente, fará com que os leves flocos de neve um dia caiam sobre esse telhado. Eu sei, a construção deve ser forte, pois isso pode demorar alguns milhares de anos, mas é uma construção com um tijolo deitado ao lado de um tijolo em pé, que comédia.

Acredito que tenha ficado mais de meia hora observando o telhado e, para a minha surpresa, no lixo dessa bela casa com cores desbotando, encontrei um pequeno Buda de madeira. Senti a vibração das energias cósmicas que me levaram até aquele momento, quando peguei a estátua, que estava colocada delicadamente em um canto, separado, na cesta de lixo. Quando o peguei tive a certeza de que era isso que tinha me motivado por toda aquela manhã. Com respeito acomodei o objeto sagrado em meu bolso da jaqueta jeans rasgada, com uma estampa do Ramones nas costas. Uma vestimenta globalizada, uma banda de punk rock americana, sendo que o punk foi uma criação inglesa, em uma jaqueta jeans de procedência chinesa, com um Buda de madeira brasileira em um indivíduo do sul de São Paulo.

Chegando em casa lembrei do que minha avó falava sobre uma estátua de elefante de cerâmica, que ela deveria ficar de costas para a rua. Decidi que o pequeno Buda de madeira também ficaria de costas para a rua. Aí me surgiu a lembrança de um despacho que vi perto do trilho do trem no qual, além da vela e da pinga, tinha um pouco de pipoca. Resolvi que o Buda teria a sua bacia de pipoca também. Como pipoca é uma comida sólida, decidi que não custava nada deixar um copinho de pinga para ele.

Você deve estar pensando na vela. Bom eu não gosto do cheiro do queimado de vela, então decidi que quando tivesse tempo eu colocaria incenso.

Interessantemente, após esse encontro várias situações positivas começaram a acontecer em minha vida. Primeiro, eu encontrei um emprego, e, por sinal, em algo que não imaginava: comecei a instalar antenas para televisão via satélite. Realmente, algo de energia cósmica estava envolto nesse encontro com a estátua, afinal, se você analisar, a transmissão via satélite se dá através de ondas que saem de nosso planeta e retornam.

O salário, que não era muito, veio no momento certo. A pensão havia acabado. Nunca fui muito consumista, mas fazia muito tempo que não comprava coisas que não fossem apenas para a sobrevivência.

Em segundo, depois de muito tempo encontrei uma companheira. Chamo desse jeito porque era mais do que uma namorada, estava disposta a acompanhar os idealismos pobres de um selvagem nascido em uma região de pouca significância, que instala antenas para as famílias mais abastadas e sonha em deixar algo, não sabe o que ainda.

Em terceiro lugar, o mais importante para mim, consegui rir. Não me lembrava de como era essa sensação, mas os dois primeiros fatores associados a um filme de comédia antigo de baixa qualidade conseguiram me devolver essa alegria momentânea. Seria isso felicidade? Não acredito que felicidade seja algo duradouro, mas por duas horas me senti feliz.

Mais de trezentos canais

A carta impressa em uma tinta preta suja era endereçada a Fernando Bartan, sim, eu. Nitidamente, vi que a coisa era importante, pois aparentava ser. Abri com delicadeza as laterais com seus pontilhados, primeiro o da direita, depois o da esquerda – gostaria que tivesse mais. Essa sensação de retirar papel com marcação para corte me gerava prazer.

Sem delongas, minha pensão estava suspensa. Não me irritei, o Buda de madeira me passava energia positiva. Na verdade, não emiti um sentimento claro. Ainda estava pensando na retirada da borda do papel lateral da carta. Eu teria que encontrar um trabalho. Acho que estava na hora mesmo. Esse negócio de ficar fumando cigarros ruins, experimentar substâncias psicoativas, andar por aí, começava a me parecer fútil.

Bom, agência de trabalhador não vou. Procurar em classificados de jornal também não. Coloquei uma meta: o primeiro trabalho que me parecer atrativo e eu souber ou imaginar que posso fazer, aceitarei. Eles têm que me aprovar também, porque cabeludo com cheiro de cigarro ruim e roupa mal lavada não é para qualquer um.

Preciso de um trabalho braçal. Já percebi que para indivíduos como eu, que possuem uma mente acelerada que leva os pensamentos em cascata até o infinito, o trabalho com as mãos faz com que essa descarga mental tenha uma pequena pausa.

Arrumei-me escolhendo as roupas menos sujas e fedidas. Não combinou muito, mas ao menos não causaria repulsa em uma primeira conversa. Olhando-me no espelho, vi-me como um morador de rua que acabava de ganhar um banho e roupas em um abrigo da Prefeitura. Só faltava a famosa sopa de legumes servida em caixas de leite longa vida. Longa vida, que expressão maravilhosa.

Como o dia estava quente resolvi caminhar com muita calma para evitar aquele suor clássico na testa. O cigarro não tive como parar, o vício era inerente. Até pensei que tivesse algo com genética, como falam do alcoolismo, mas não sei se seria o caso. Todos sabem os males do tabaco industrializado enrolado em um papelzinho branco com um filtro, mas os benefícios só quem consome regularmente, sem preocupação, sabe.

Parei para observar os instrumentos musicais em uma loja estilo antigo. Resolvi entrar e brincar um pouco com o baixo. Já toquei em banda na adolescência, mas fazia mais de cinco anos que não segurava um violão ou um baixo como naquele momento. Perguntei se podia tocar um pouco. O funcionário foi super receptivo e até plugou o instrumento musical em uma caixa amplificadora. Fiz uma sequência harmônica de uma música conhecida, o que fez o atendente esboçar um sorriso. Enquanto olhava para o fundo da loja vi uma placa relativamente discreta: "Precisa-se de instalador de antenas tipo Sky". Naquele momento não sabia o que era Sky. Procurei com os olhos enquanto tocava e vi, com um susto até, pois estava ao meu lado, e enorme, o anúncio, mais de trezentos canais de televisão e rádios.

— Já acharam alguém para a instalação das antenas?

— Ainda não. Você conhece alguém para indicar.

— Eu.

— Que bom! Precisamos para hoje já. Se estiver disposto.

— Só não tenho os equipamentos, como ferramentas.

— Isso nós fornecemos.

— Fechado!

— Mas você não questionou o valor do salário, nem os benefícios.

— Posso fumar enquanto instalo as antenas?

— Acho que na parte dos telhados não haverá problemas, mas dentro das casas acredito que não é de bom agrado.

— Fechado.

— Traga a carteira de trabalho amanhã, mas precisamos de você para hoje ainda. Você tem carteira de motorista?

— Tranquilo.

Menti, em partes. A minha habilitação já havia vencido, mas isso era um pequeno problema que não deveria atrapalhar o acerto profissional. Pensei rapidamente: "assim que sair o primeiro pagamento eu regularizo essa questão no Detran".

Eu nunca havia instalado uma antena, mas não tinha medo. Sempre gostei de lidar com essas coisas eletrônicas, adorava as soldas de estanho. Fiz muitos eletroímãs na adolescência. Pensei também no meu distanciamento do mundo, eu assistindo Rede Globo e SBT com uma imagem duplicada, cada jogo de futebol tinha 44 jogadores e existia um sistema com mais de 300 canais. Canais do quê? Quem consegue ver tudo isso? Como será que funciona o controle dessa merda? Essa era a parte que começou a me preocupar.

Nem retornei para casa. Deram-me almoço na loja, mas falaram que era só aquele dia, que nos demais dias eu teria que me virar. Providenciaram um uniforme vermelho e azul parecido com os macacões de frentista – gostei – e um boné com a marca da transmissora de canais via satélite. Viu? Já estava interagindo com as informações.

O carro, para variar, era um Uno, e, para variar novamente, com uma escada bem acomodada no suporte de teto. Deram-me uma prancheta na qual eu devia colocar todas as informações sobre a instalação, desde a quilometragem inicial e final do veículo, até o grau de satisfação do cliente. Já me senti o profissional das antenas.

Saí – preciso confessar que estava muito contente – em direção a um bairro relativamente próximo à loja. Fazia um bom tempo que não dirigia e isso me fez bem. O único problema é que fui impedido de fumar dentro do veículo.

Chegando à residência, observei o telhado em caimento, o que me fez feliz mais uma vez, pois me vi sentado sobre as telhas, olhando em direção ao horizonte, fumando um cigarro de baixíssima qualidade. Apertei o interfone e me apresentei. Fui recebido pela senhora dona da casa e seu filho, um menino gordinho de uns 12 anos de idade, com cara de fanfarrão. A madame foi educada, mas sem dar abertura para conversa, apenas informou que o marido queria que a antena ficasse aparente para que os vizinhos pudessem ver que eles tinham Sky.

Concordei com todos os pedidos da senhora e subi, pelo alçapão da casa, no telhado, desloquei algumas telhas e resolvi folhear o manual de instalação. Lembro que o patrão falou que tinha uma posição correta por causa do satélite. As informações contidas no livreto eram diretas e claras, feitas para um indivíduo com dificuldades de leitura. Achei objetivo e de fácil compreensão. Retirei o disco da antena e sua haste de suporte e os parafusos largos. Desci para buscar as ferramentas que tinham faltado, subi novamente e acendi o primeiro cigarro. Eu tinha doze no maço e foi o tempo que demorei para instalar essa primeira etapa.

Na segunda parte tentei ser mais ágil, mas ela não foi tão prazerosa como a primeira. Tive que passar os cabos até a sala por dentro de uma estrutura que não previa isso. Consegui. Agora era ligar e configurar o aparelho receptor. Juro que me deu um frio na barriga, mas a esperteza me ajudou. Olhei para o menino gordinho, que comia bolacha recheada enquanto me vigiava com ansiedade para ver os 300 canais.

— Guri!

— Oi, tio.

— Você quer ser o primeiro a mexer com o controle?

— Quero.

— Então vamos ver se você é bom. Quero ver você configurar esse aparelho.

— Pode deixar que eu me viro.

— Vamos lá! Vou só ver.

Em menos de cinco minutos a televisão já esbanjava o mundo de canais que eu nem sabia quais eram, mas que, com certeza, fariam a alegria do menino e suas bolachas recheadas.

A tentativa de devolução
do pequeno Buda de madeira

A sensação de felicidade diminui a criatividade. Isso foi o que presenciei nesses três meses desde o dia em que encontrei – ou fui por ele achado – o pequeno Buda de madeira. De repente, senti-me vivendo em uma velocidade de cruzeiro, sem sustos, sem problemas, sem imaginação. Vou esperar o incenso acabar e devolverei a estátua para o seu dono original.

Pouco depois do almoço de domingo – não que a refeição nesse dia lembrasse a das famílias de classe média normal; o meu era algo para saciar a fome e pronto –, o incenso acabou e resolvi devolver o Buda.

Primeiramente, retirei todos os apetrechos que o cercavam, descartei a pipoca, as cinzas do incenso, e com delicadeza o coloquei no bolso da mesma jaqueta que o trouxera.

Caminhei pelas ruas conversando baixo com a imagem guardada, explicando a minha decisão. Tinha muito que agradecer, mas precisava voltar a ter uma cabeça mais ativa.

Cheguei rapidamente a casa com telhado à espera da neve, presenciei uma ausência de movimento. Toquei a campainha uma, duas, três vezes. Na verdade, não foi a pressa ou a angústia em devolver o Buda, mas porque gostei do soar propagado pelas batidas daquela campainha.

Após um tempo, uma senhora negra, gorda, com cabelos mal pintados, apareceu ao portão.

— O que deseja?

— Olá. Há três meses encontrei esse pequeno Buda de madeira no seu lixo e levei-o para casa. Desde então tenho tido algo parecido com felicidade, prosperidade e amor, porém senti a necessidade de devolver a vocês, os legítimos donos.

— Me desculpe, mas se estava no lixo era para ser descartado.

— Acho que foi um equívoco.

— Não.

— Não pode ser. Ele é muito mais do que um objeto, é uma fonte de comunicação cósmica, e de grande eficiência.

— Então fique com ela.

— Não posso, não me pertence mais.

— Bom, resolva, que não quero isso aqui em casa também.

— Vou deixar aqui em cima do muro e você vê o que faz.

— Não faça isso! Vou colocar no lixo novamente.

— Se esse for o destino da estátua, que seja.

Coloquei o pequeno Buda de madeira gentilmente no muro baixo, de costas para a rua. A senhora me olhou, não comentou nada, e eu friamente fiz um último comentário.

— Ele gosta de pipoca e incenso.

Sete dias longe do Sol

Não sei foi coincidência ou energia cósmica reversa, mas depois que devolvi o pequeno Buda de madeira choveu sete dias sem parar. O número sete é o máximo, cabalístico. Se tivesse sido apenas seis dias sem a presença do astro maior não teria tanto simbolismo.

O importante desse sétimo dia foi perceber que eu estava em casa por essa semana toda, não havia saído para nada. Precisava sentir um pouco de ar fresco, mas a chuva caía com violência e o tempo havia esfriado muito. Resolvi fazer minha própria capa de chuva com sacolas plásticas e fita durex.

Em um primeiro momento pensei em expandir a sacola plástica, mas escutando o barulho da chuva resolvi fazer uma espécie de camada dupla. Surgiu-me uma importante questão: será que a fita durex aguentaria a grande quantidade de água? Resolvi fazer pequenos ganchos com aqueles arames de enrolar saco de pães.

Bom, após esse momento de artesanato, a capa ficou pronta. Justifico artesanato pelo aspecto colorido artístico que ficou a proteção em mosaico contra a chuva. Resolvi testar.

Para que se pudesse ter uma noção de funcionamento resolvi colocar um pequeno pedaço de papel em formato cilíndrico sobre a orelha direito, lembrando um cigarro, e outro pedaço em cada bolso da calça jeans, que, por sinal, estava com um terrível cheiro devido ao uso contínuo e à falta de lavar.

Felizmente, tinham sobrado duas sacolas mais grossas de plástico azul, que serviram para envolver os meus sapatos.

Saí pela porta da frente confiante na capa de material reciclado confeccionada em casa. Eu estava na moda! Por acaso, o primeiro microfuro foi próximo ao falso cigarro sobre a minha orelha, que em pouco tempo já estava molhado.

Continuei a caminhada em direção à avenida principal. A chuva e o vento aumentaram de uma forma absurda, fazendo-me sentir que eu estava dentro de uma piscina de ondas artificiais. Com muita dificuldade avistei um ponto de ônibus com cobertura e fechamento nas laterais. Já inteiro encharcado, dirigi-me para lá.

No ponto havia uma mãe com seu filho, que aparentava uns 7 anos, comendo bolacha recheada. Ele me olhou e fez cara de nojo. O cheiro da calça e o meu aspecto molhado com uma capa feita de diversos plásticos em várias cores o assustou. Ele comentou com a mãe:

— Coitado desse mendigo, mãe. Posso dar uma bolacha para ele?

Saudades do micromundo

Já fazia algum tempo que eu não ia para a faculdade, mas, repentinamente, veio-me uma vontade absurda de observar as pequenas estruturas pelo microscópio. Tentei me localizar para ver que dia e mês era, pois não me lembrava quais as possíveis disciplinas que possuíam a microscopia na grade curricular. Descobri que estava em uma quarta-feira de agosto e que, pelas minhas anotações antigas, existia aula de histologia humana pela manhã e botânica à tarde. Pela manhã seria mais garantido.

Arrumei-me rapidamente e fui andando rápido em direção ao ponto de ônibus, torcendo para não encontrar ninguém conhecido. Estava em uma fase mais quieta, as conversas, quase sempre vazias, irritavam-me. Talvez, se fosse possível, um curso universitário sem interação com outros seres humanos seria o ideal para mim.

Para minha infelicidade, encontrei uma colega, a Kely, que se eu não soubesse quem era não me chamaria atenção, sem dúvidas. Sabe aquelas pessoas que têm uma única expressão facial, que se estão super empolgadas ou com uma profunda dor precisam verbalizar para que você note o que elas estão sentindo? É a Kely. Porém dessa vez o que me chamou atenção foi a evolução corporal da guria.

Uma vez escutei o monitor de Anatomia Humana comentando que quando a mulher começa a fazer sexo repetidamente após a perda da virgindade ocorre uma alteração na angulação da sínfise púbica, a união entre os ossos do quadril. Com certeza, a Kely estava em uma fase de muito trabalho nessa região. O interessante é que até o cheiro dela havia mudado, ficando mais atraente. Bom, talvez fosse coisa da minha cabeça, afinal, pouco tinha saído de casa e interagido com outros seres humanos.

— Que bom te ver, Fernando.

— Eu também fico feliz que você se lembrou de mim.

— Vai retornar ao curso?

— Não. Estou apenas com saudades de ver as coisas pelo microscópio.

— Você é engraçado. Tudo é difícil naquelas visualizações.

— Eu gosto, de verdade.

A conversa até o campus foi amistosa. Uma viagem de aproximadamente vinte minutos. A falta de assunto não foi problema para ela. Acho que estava empolgada em ver o louco do curso, ou a atividade da remodelação de quadril havia a modificado para sempre.

Ao descer do ônibus veio o primeiro obstáculo: a enorme quantidade de colegas de turma me cercando, perguntando o básico. Fingi que estava afônico fazendo uma voz rouca. Não tenho mais paciência para papo chato. Os dez, quinze minutos que precederam à aula pareceram dias para mim.

Entrei quieto e, mesmo assim, fui flagrado pela docente.

— Seja bem-vindo, Fernando. Espero que dessa vez você retorne rotineiramente. Tenho certeza de que a aula de hoje será fácil para você.

— Obrigado.

Respondi com vontade de mandá-la tomar naquele lugar, mas, ao mesmo tempo, senti um pouco de ternura com deboche em sua voz. Estava começando a admitir que o contato com pessoas, principalmente mulheres, estava me fazendo bem. Desde a devolução do pequeno Buda de madeira, quando terminei o namoro, também sem motivo algum, não escutava o gracejar da fêmea, os odores, o corpo.

A aula era sobre traqueia e esôfago. Tão próximos e tão coloridamente distintos. Confesso que a traqueia me atrai mais, tem mais estruturas para analisar. Gosto de ver como a cartilagem fica nessas colorações. O esôfago somente é tingido muscularmente, com uma camada discreta de células internas, simples, funcionalmente e aparentemente.

Fui o primeiro a entrar na aula e o último a sair. A professora me emprestou uma caixa de lápis de cor e fiz um desenho da lâmina. Na verdade, fiz três. Deixei um com ela, guardei o outro com cuidado para colocar na parede do meu quarto e o outro separei para a Kely, porém ela já tinha ido embora e eu não tinha avisado que o daria para ela. Segurei o desenho na mão e fui em direção ao ponto de ônibus.

Cheguei ao ponto sozinho, mas rapidamente a aglomeração foi acontecendo. O ônibus chegou e entrei por último. Após ultrapassar a catraca, observei uma bela menina sem fone de ouvidos, olhando pela janela. Resolvi esticar a mão e oferecer-lhe o desenho da traqueia com o esôfago.

— Pegue, fiz para você.

— Desculpe, te conheço?

— Prazer, meu nome é Fernando Bartan. Agora você me conhece.

— O que é isso?

— Um corte histológico da traqueia/esôfago de um gato jovem.

— Credo. Coitado do bichinho.

— Não veja por esse lado. Pense no ensino e na imortalização dele em várias lâminas.

— É um belo desenho, mas porque você quer dar para mim?

— É um presente, aceite sem questionar. Apenas guarde ou jogue fora. A partir de agora é seu.

Teoria da humanidade escrito às cinco da manhã. Retornando ao assunto

Olhos bem abertos, estou desperto, como sempre, um pouco antes das cinco da manhã. Então é hora de teoria. Pensei na condição da humanidade e da falta de objetivo de cada um. Quando era criança achava chato e bobo as histórias do "não pedi para nascer", "por que estou aqui?", "blábláblá, Deus fazer uma pedra mais pesada que possa carregar". Como tem história que, de repente, começa a fazer um pequeno sentido. Não sei se me desmotivei ou se caí na real, mas a minha existência não faz falta para a humanidade. Aquela conversa de que somos uma célula em um grande corpo não me convence. Acho que se eu realmente fosse uma célula eu seria um condrócito – esse tipo está presente nas cartilagens, não tem irrigação sanguínea, fica isolada, não tem inervação, ou seja, não sente dor.

A primeira dúvida é essa mesmo: somos apenas macacos metidos a espertos, que usam roupas e acham que são a espécie dominante, ou somos projetos de um ser celestial que está à espera de que algo ocorra em nossa insignificância? Falando em ser superior, tem a versão de que retornamos para aprimorar nossa alma, uma espécie de videogame, no qual morremos e voltamos em outra criancinha. Geralmente, a maioria dos que acreditam já foram reis, rainhas, príncipes. Não conheço ninguém que foi auxiliar de estrebaria.

Aí vem o meu próximo questionamento: se somos primatas espertos, por que razão estamos vivendo em cidades como loucos? O ideal seria uma chácara para cada família plantar e criar animais, sem essa coisa de conhecimento, o saber, o que se ganha com isso. Os ignorantes são muito mais felizes, não tenham dúvida. Na escola, o professor de Filosofia falava que os detentores do conhecimento deveriam auxiliar a sociedade e os indivíduos com menores condições de aprimoramento intelectual. Com certeza, a erva que ele fumava era boa. Se não somos planos de Deus, não deveríamos inventar nada – política, literatura, escrita... Pare com isso! Nós, animais, devemos viver como animais sociais e pronto: comer, cagar e procriar.

Ainda nessa linha de pensamento animal, fico pensando em como a história nos enganou e ainda o faz. Quem acredita em tudo isso que está escrito? Vivemos pouco demais para confiar na passagem de informação dos vitoriosos. Por sinal, a guerra é a coisa mais besta que se tem. Vive-se uma vez apenas e ainda estão tentando acabar com a vida de outro. Pare com isso! Aí está, o pouco que procurei me informar dá conta de que quem inventou Deus foi um grande vencedor de batalhas, que para justificar a sua constante sequência de vitórias criou a alegoria de ser filho de uma entidade superior. Interessantemente, essa visão também estava presente nos imperadores japoneses até perderem a Segunda Guerra Mundial.

No fundo, acho que estou sendo redundante, mas essa linha de pensamento tem me perturbado continuamente. Como seria bom se tivesse pó de café em casa.

Não há nada de bonito em prostitutas obesas e velhas

A observação da decadência do ser humano me atrai. Confesso que gosto do cheiro estranho de madeira velha, cerveja quente e poeira de gente deteriorada, característicos de bares antigos, geralmente próximos a aglomerados do transporte público. Um dos locais que encontro facilmente esse tipo de ambiente deprimente está muito próximo a minha casa. Preciso apenas atravessar duas ruas, o antigo e abandonado mercado municipal e chego lá.

Hoje, levantei com vontade de passar um bom tempo a observar os decadentes, nos quais me incluo, e comer coisas em conserva ou frituras encharcadas com cerveja de baixa qualidade em copos levemente limpos ou, se preferirem, discretamente sujos.

Por ter me tornado um frequentador relativamente rotineiro, fiquei conhecido do proprietário. Não vou dizer amigo, pois amigo é aquele com quem se tem intimidade, de frequentar a casa, contar segredos e maldades. Não tenho amigos no momento.

Gaúcho – não seio seu nome, apenas como o chamam e, por sinal, como ele se apresenta –, logo na primeira conversa, ele me falou que tem o grande sonho de conhecer o Rio Grande do Sul, pois ele é natural de Guarapuava e nunca sequer saiu do estado do Paraná.

Sentei em uma cadeira da mesa de canto, relativamente próximo à entrada, porém com a cadeira em direção ao interior do bar do Gaúcho. Ele gentilmente perguntou o que eu queria beber. Iniciei com uma pinga de centavos e uma pequena porção de ovo de codorna avermelhado. Hoje fui informado que quem preparava essa conserva era o próprio Gaúcho. Particularmente, preferia não saber dessa informação. Acho que alterou meu paladar.

Como sempre ando perdido no tempo, não sei que dia do mês ou da semana é. Não perguntei, mas pelo movimento, ou era início ou final do mês. Eram três da tarde e o boteco estava cheio. Vou descrever o que encontrei, com um pouco de análise pessoal.

Imediatamente a minha frente, sentado em um banco alto, no balcão, encontrava-se um senhor extremamente magro, com uma careca clássica, aquela estilo antigo, em que as laterais estão bem cuidadas e os solitários fios sofrem em um deserto central. Devia ter mais de um metro e oitenta de altura, olhar abatido, pelos nas orelhas, três botões da camisa abertos, corrente de ouro e uma cerveja bebida vagarosamente.

Do outro lado da entrada estava a figura do caboclo *veio*, um senhor negro com barba branca, chapéu e cigarro de palha, perna cruzada, botas gastas de trabalhador. Ele sempre ficava no mesmo lugar e sempre tomava doses de pinga, o famoso martelinho. Raramente comia algo, porém, quando o fazia, era à base de torresmo e amendoim.

Existem duas mesas centrais e duas ao fundo do bar. Nas centrais, um indivíduo em cada mesa, na próxima, a parede acomoda, com o corpo solto, um indivíduo jovem com as mãos deformadas pela soma do cal, cimento e areia. Nitidamente, trabalha na construção civil. Deve ter recebido um vale, pois estava com uma dose de conhaque, uma cerveja, torresmo e um pedaço oleoso de coxa de frango na sua frente. Aparentava um olhar desesperadamente vazio.

Na outra mesa central, um homem com uma peruca que lembrava o Zacarias dos Trapalhões. Ele estava alinhado, com camisa xadrez corretamente fechada, calça com cinto com uma inicial, a letra M; notavam-se resquícios da porção de perfume derramada em seu pescoço. Ele não parava de olhar para as senhoras das mesas ao fundo do bar.

Chegamos ao final do recinto: em duas mesas coladas aos banheiros estavam três prostitutas que já passaram dos cinquenta anos. A da esquerda apresentava uma vasta cabeleira armada, com fios pretos. Sua face cheia de rugas contrastava com o batom vermelho sangue, os seios eram enormes e a blusa de renda deixava os bicos à mostra. Por sinal, o homem de peruca não tirava os olhos desses bicos. Uma saia de couro sintético apertada fazia com que as dobras de gordura transbordassem na descendente.

A mulher ao centro tinha os cabelos tingidos de loiro, parecia ser um pouco mais nova, mas, com certeza, já tinha passado dos cinquenta. Magra, sem contornos, parecia ter sofrido com o uso de drogas. As tatuagens perdendo a cor mostravam um dragão andando de bicicleta. Por sinal, achei interessante e inspirativo esse desenho. A terceira, encostada na parede, tinha cara de avó feia. Usava uma roupa mais comportada, brinco de pérola, uma blusa colorida com flores, calça jeans relativamente comportada e um batom rosa claro. Não era gorda, mas estava com sobrepeso.

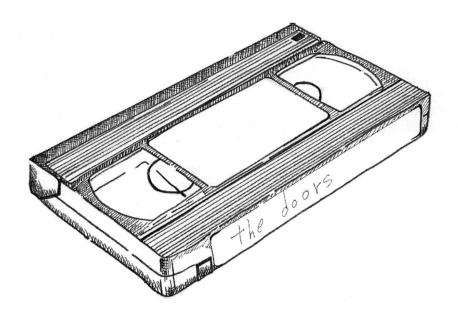

O meu VHS preferido

Realmente, não tem mais o que se fazer, a minha fita do filme do The Doors do diretor Oliver Stone não funciona mais. Fiz de tudo o que me informaram para tentar recuperar. Provavelmente eu a tenha visto mais de trezentas vezes. Em um desses finais de semana chuvosos do inverno cheguei ao ponto de assistir repetidamente doze horas por dia. É um pedaço de mim que se vai. Calma mas pode ir para dentro de mim. Chá de fita.

É, eu sei que o chá de fitas geralmente é com as famosas K7, mas pelo teor informativo, artístico, sentimental e de metais pesados contido no VHS do The Doors, tenho certeza que funcionará.

Lembrei-me do Chico Barriga, amigo de adolescência, ele me falou que para usar as drogas mais alucinógenas ele costumava ir a um campo aberto pois tinha medo de querer voar ou ser atropelado achando que estava em algum lugar empolgantemente fictício.

Peguei a maior panela que achei, mesmo assim um pequeno pedaço da fita ficou para fora da água. Já imaginei o gosto tosco que isso deve ter. Enquanto a água esquentava fui procurar a velha bicicleta e a bomba para encher os pneus.

Preparado o meio de transporte, esperei a água ferver e lembrei-me das aulas da faculdade: deveria tampar para não deixar a essência evaporar. Ri sozinho, mas tampei com um prato de vidro âmbar.

Acomodei o líquido ainda quente em uma garrafa térmica com o cabo quebrado e um desenho de vaquinha gasto. Refletindo, deveria ser um reservatório para leite quente já que tinha uma vaca impressa. Coloquei a garrafa bem fechada na bolsa velha dos tempos de colégio com uma blusa para mantê-la em pé. Mais um pensamento: o correto seria na posição longitudinal já que garrafas não têm pé. Deve ter sido o excedente de açúcar no meu café frio que tem me feito questionar os meus próprios pensamentos.

Com o maço de cigarros de baixíssima qualidade amassado no bolso e um cigarro já aceso em minha boca, subi na bicicleta e iniciei a minha trajetória até as bordas da cidade em um campo aberto, preferencialmente uma plantação rasteira com uma árvore solitária que demarque o local. Estou conseguindo segurar o cigarro aceso no canto do lábio inferior, assim como os auxiliares de construção. Foram várias tentativas, mas agora estou craque.

Pedalei até a saída mais próxima à cidade. Felizmente, as plantações de soja iniciavam logo ali. Observei de longe a árvore solitária, acho que era um abacateiro. Segui com a bicicleta em mão, caminhando, até a árvore, passando pelo meio da plantação. Chegando, percebi que era realmente um abacateiro. Eu gosto muito dessa fruta e, com certeza, levaria alguns embora no final da jornada. Esperando que a viagem tivesse retorno.

Sentado ao pé da imensa árvore iniciei os preparativos para a degustação do tíquete mágico. O primeiro gole foi de amargar, um sabor que lembrava *bitter* e metais, o sabor do ferro fundido energizava os dentes incisivos. Se a intenção era uma alucinação com um pouco de culto ao filme que tanto me alegrou eu deveria suportar o terrível gosto e beber por completo.

Virei a garrafa e bebi até o líquido acabar.

Espera. A primeira impressão foi que o tal do chá não funcionaria, até observar que no final do horizonte uma carruagem em chamas vinha em minha direção. "É o capeta", pensei. "Morri e ele veio me buscar". Mas não, quanto mais se aproximava de mim, melhor eu via uma linda loira com cabelos esvoaçantes. Era uma deusa. Foi, então, que percebi que eu estava levemente flutuando.

A beleza em forma de mulher chegou até mim. Era muito mais bonita de perto, o vestido branco transparente deixava a mostra a sua caixinha de surpresa. Era um sonho, alucinação ou realidade. O que nos torna real. A ereção atingia o nível rocha. Foi quando ela percebeu a minha excitação e sorriu com os cantos dos lábios de uma maneira espetacular. Abaixei a cabeça para ver a minha situação. Foi quando fui jogado ao chão por um vento muito forte. Estava deitado, não conseguia me mover, o solo começou a afundar rapidamente, eu via a terra lateralmente, com suas raízes e minhocas e ossos de animais. Meus braços voltaram e arranhei a terra com vontade. Nitidamente, estava a sete palmos, mas não estava morto. Ao fundo escutava uma voz me chamar com eco associado: "Fernandoooooo, Bartanããããããã". Desmaiei.

Acordei e já era noite, Estava todo enlameado. Acho que o chá não funcionou muito bem.

Hortênsias azuis e o pavimento de pedra

Hoje senti saudades da minha infância. Não de brincadeiras, nem futebol, nada disso, mas da alegria das coisas, da falta de compromisso, o "tudo está bom". Resolvi procurar a mistura odorífera que me lembra dessa maravilhosa época: hortênsias azuis em algum local banhado pelo sol, que faz com que o pavimento de pedra também consiga emitir um cheiro característico.

Essa mistura singular e comum na arquitetura urbana do passado faz com que meus neurônios descarreguem mensagens que me levam à sensação que eu sentia na época de menino. Um breve momento e um eficaz tratamento. Interessantemente, não é parar e contemplar os cheiros e a sensação de passar por um local com esses odores. O movimento faz parte do ritual.

Na cidade da minha avó existe até hoje uma escola com hortênsias em toda a mureta que a separa da calçada com uma pavimentação em pedras. Uma caminhada ao redor desse local é uma visita a minha Meca pessoal.

Caminhei em direção a uma antiga praça, por sinal mal cuidada, onde as flores que procuro costumam exalar a sua fragrância com intensidade.

Cheguei ao local e, para a minha felicidade, o azul das pétalas estava dançando com a leve brisa em um belo dia de sol. Se eu soubesse pintar faria um quadro com a paisagem observada, mas faltaria o cheiro. Alguém deveria criar uma tinta azul que libere o frescor das hortênsias. Passei pelas flores com vagareza, a penetração dos perfumes em minhas narinas imediatamente teve êxito no efeito desejado. Estava tratado por mais um tempo.

Sapo da Paz

Ontem a noite um pitbull quase arrancou a perna de um morador de rua em frente a minha casa. O dono do cachorro, com cara de satisfeito, tentava, com pouca vontade, fazer com que o animal parasse.

Eu gritei da janela do meu quarto para que o ataque fosse interrompido. Obviamente, eu sei que meu aspecto físico não gera muito respeito, mas insisti para que o massacre contra o ser humano desprovido de felicidade fosse interrompido. Notando a situação, desci e imediatamente fui à área de serviço, onde enchi um balde com água fria. Se água gelada separa transa de cachorro deve separar ataques também. Abri a porta e com muita vontade joguei a água no pitbull, respingando no dono e no mendigo. O cão ficou louco e mordeu o balde, para minha sorte, pois se viesse em minha direção seria letal. O animal mordia o balde e girava para os lados como um crocodilo derrubando um ruminante.

O morador de rua saiu sangrando e correndo com uma velocidade incrível, já o dono do cão ficou irritado, pois havia se molhado. Olhei com desdém para ele e voltei para casa.

Chegando em casa liguei a televisão com muita má vontade. Aquela terrível situação havia me abalado profundamente. A péssima qualidade do aparelho só permitia, naquele dia nebuloso, o funcionamento da TV Educativa. Deixei nesse canal mesmo. O programa era um especial de cinco anos do Massacre do Carandiru. Enquanto a voz do locutor falava da briga em uma partida de futebol no Pavilhão 9, que levou a 111 mortes, as imagens mostravam os corredores cheios de sangue. Que loucura pensar em esvaziar corpos de suas almas de uma maneira tão violenta. Essa cena sanguinária reativou a lembrança do momento que aconteceu, de como eu era tão pequeno e aquilo parecia um filme ruim em um programa de televisão que só passava desgraça.

Entre as coisas conhecidas e as coisas desconhecidas existem as portas

Um Big Bang. Um o quê? O princípio era o verbo. Verbo? Milhões de células que se comunicam por eletricidade ou quimicamente mantêm vivas todas as memórias de uma pessoa produzem o pensamento, regulam as frequências respiratória e cardíaca, fazem os pelos dos seus braços ficarem eretos em grupo com uma notícia tocante, permitem que você compreenda uma língua. De onde vieram as diferentes línguas e por quê?

Ontem perguntei para o profeta do terminal de ônibus o que aconteceu com o homem de Neandertal. Ele me respondeu virando a sua cabeça para a esquerda e os olhos para a direita: "Somos todos africanos". Gostei da resposta, perguntei mais. "E a torre de Nimrod?". Ele inverteu o sentido da cabeça e dos olhos e falou: "Não chegou aos céus". Chamei-o para tomar uma cana no bar em frente ao terminal. Mais uma inversão de cabeça e olhos: "Só bebo depois do serviço". "Que horas você sai?", perguntei. "Até o último fiel", ele me respondeu. Não tive paciência de esperar o fim dos seus admiradores, porém me afastei um pouco e observei a sua conversa com as pessoas que paravam esperando uma palavra de sabedoria.

Uma senhora com uma cobertura de crochê em sua cabeça e olhar cansado abriu a sua cesta e tirou um pote com bolinhos de chuva, olhou bem nos olhos do profeta do terminal e eu consegui ler em seus lábios as palavras de agradecimento. Em seguida, um jovem parou e olhando bem para ele pediu com sinceridade: "Profeta, mais uma vez eu te pergunto: o que eu devo fazer da minha vida?". O sábio respondeu: "Nada, apena viva".

Decidi, após observar, que iria ficar até o último fiel. Seria um encontro de revelações, as portas iriam se abrir para mim. Eu sei que, para a maioria, o profeta do terminal, com sua barba mal cuidada, cheirando ruim, não passava de um personagem patrimonial da cidade, mas as poucas palavras que recebi dele me convenceram de que ele era especial.

Por volta das oito e meia da noite, com o frio começando a incomodar com os ventos gelados e as pequenas partículas de água a me encharcar lentamente, o profeta se volta para mim e me chama. Não sei por que meu coração acelerou no momento. Cheguei perto, ele colocou a mão no bolso e me olhou fundo nos olhos. Por um momento acreditei que alguma revelação seria transmitida:

— Garoto, troque esse cinquenta reais para mim no bar ali da frente.

Peguei a nota amassada e ainda sem reação fiz o que ele me pediu. Na volta, devolvi para ele o dinheiro dobrado corretamente e perguntei:

— Vamos tomar uma?

— Garoto, já te falei que não bebo em serviço.

— Estou esperando o final do seu expediente.

— Esse é o problema. Você não é meu amigo e conversar com você será um serviço.

Em um momento de extrema raiva, passei uma rasteira nele e saí correndo. Ainda tive tempo de parar e olhar para trás e ver o corpo estendido no chão. Gritei em alto e bom som:

— Cadê a previsão da rasteira, F.D.P.?!

Dor de dente

Eu estava entorpecido há um bom tempo. Não vou falar em dias, pois não tinha noção de quantos foram, mas um dente estava à beira de me deixar. Fiquei feliz com a dor forte que esse dente me causou. Foi uma espécie de retorno ao mundo real, se ele existe de verdade.

Esse pouso sem tocar o chão, sem ver o sol, sem nada para fazer a não ser correr, correr.

Era um dente que perdia a sua clara beleza. Sim, estava enegrecido pelo tabaco de péssima qualidade. Não era o primeiro que morria em minha boca, mas era o primeiro que doía como uma faca penetrando o osso da minha mandíbula. Precisava retirá-lo a força. Não tinha dinheiro para ir ao dentista, nem para algum clandestino amador bêbado. Teria que fazer o serviço sozinho, mas me conhecia bem, não teria a coragem necessária para arrancar com um alicate. Até imaginei a cena: eu com a boca aberta em frente ao espelho de moldura laranja de menos de cinco reais, em meu banheiro pouco higiênico, com um alicate emprestado de algum vizinho. Tenso.

O que eu fiz para ele? Por que o dente se revoltou contra o seu senhor? Eu tenho me alimentado pouco, assim, ele tem trabalhado pouco. Acho que terapia corpo-dente-psique não adianta. Antes de acabar com essa relação vou torturá-lo mais um pouco em minha câmara de gás nicotínica. Acendi o último cigarro que tinha. Por sinal, achei sem querer enquanto mexia nas coisas em cima da estante. Nem me lembro o que procurava e fiquei imaginando como o cigarro tinha ido parar ali. O trago foi estilo charuto: deixei a fumaça apodrecer os amigos do revoltado e mostrar que a sua mágoa com o corpo tinha um motivo, o vício que promovia a saturação de gás carbonizado nicotínico em minha cavidade oral. Que sequência bonita de palavras para pensar nesse gesto simples de uma tragada.

Sim, eu estava vivo. O cigarro e a dor de dente me mostravam isso. Não sei se o removeria. Talvez a dor me ajudasse a ficar sóbrio.

Vou arrancar o dente.

O cheiro das folhas de eucalipto queimando

Estava caminhando sem rumo – por sinal, eu gostava muito de fazer isso. Quando tinha um pouco de dinheiro, passava no bar mais sujo que encontrasse e comprava um cigarro contrabandeado do Paraguai e uma cerveja de menor preço. Precisava de um trago, mas estava sem dinheiro algum, até que me surgiu a oportunidade. Observei uma senhora, de mais de setenta anos, com certeza, olhando para o mar de folhas em seu quintal. Era outono.

— Por dez reais eu limpo para a senhora.

— Pode começar agora então.

Gostei dela, foi direta, uma conversa franca. Eu não gosto muito de falar mesmo e, geralmente, pessoas velhas gostam de contar a sua história de vida triste e solitária.

Era início da tarde – pelo menos aparentava ser. A minha capacidade física há um bom tempo não ajudava maises sabia que estava fraco e as costelas ficavam aparentes na superfície da camiseta.

Varri as folhas e fui montando um amontoado no fundo do quintal. O trabalho era gratificante, daqueles que você faz observando e não pensa em mais nada. No final da tarde o monte era grande. Chamei a senhora e perguntei:

— Posso queimar?

Ela olhou para mim com um ar de surpresa, mas feliz, e respondeu com uma voz rouca:

— Pode.

Puxei a caixinha de fósforos do bolso, acendi um pedaço de jornal e procurei a região com as folhas mais secas. Apoiei-me no rastelo e fiquei vendo tudo queimar.

O perfume das folhas de eucalipto queimando encheram a floresta de pedra e pude ver crianças parando atentas para sentir o perfume que um dia virará nostalgia.

Necessidade de um animal macho

O trago que consegui após o trabalho do recolhimento e queima das folhas de eucalipto me despertou para o animal masculino que acredito que sou. Precisa de uma transa. Como estava sem noção de tempo não tinha ideia de quantos dias, ou até meses, eu não tinha uma relação sexual. A última tinha sido com a minha ex-namorada, que deixei assim que perdi o encanto proveniente do Buda de madeira. Ela era um pouco gordinha, mas eu gostava e me fazia sentir um reprodutor.

Contei as moedas no bolso e vi que pagar pelo sexo fácil não seria a saída mais provável. Tentar o diálogo com alguma garota não me dava vontade. Continuava sem vontade de interação social, eu precisava apenas do ato físico.

Lembrei-me de uma das conversas da época da faculdade, na qual foi dito que as surdas gostavam muito de sexo. Era um papo adolescente, mas relativamente perto de casa havia uma escola para surdos e eu resolvi ficar à espreita na esquina. Vai que desse certo.

Para minha surpresa, uma das surdas era minha vizinha de casa. "Um muro de distância", pensei. Fiquei chateado de não saber que ela não escutava. Até me recordei de um dia que ela não me respondeu quando perguntei algo. Achei-a boçal nessa ocasião, porém agora entendia.

Fiz um gesto para ela, que sorriu. Tentei explicar com as mãos se ela queria companhia para caminhar até a casa dela. Vendo bem de perto, ela era muito gostosa. Com os movimentos das mãos dela percebi que poderia acompanhá-la, e em seguida vi que ela me perguntou do dente incisivo que me faltava. Ignorei, fiz que não percebi essa parte.

Há muito tempo eu não me divertia tanto. A tentativa de conversar sem saber a língua de sinais era hilária. Caminhamos em uma velocidade mais vagarosa. Ela ria também, devia estar me achando um bobo.

E eu comecei a pensar na história de que ela poderia ser como na imaginação coletiva dos tempos de faculdade: uma tarada. Tive uma ereção caminhando e conversando – ou tentando conversar com ela. A minha calça estava gasta e o volume ficou um pouco aparente. Ela viu, deixei, até andei um pouco mais curvado para frente. A reação dela foi meio normal, não deu muita bola.

Chegamos até as nossas casas. Ela me convidou para entrar, aceitei de prontidão. Sua mãe estava em casa, perdi a ereção. Ela me conhecia pelo nome inclusive e me convidou para tomar um café. Aceitei e ainda comentei que não me lembrava da última vez em que me alimentara em um estilo familiar. A conversa foi fluindo com a mãe da surdinha, que eu ainda não sabia o nome.

De repente, vi-me tomando um belo e reforçado café apenas com a mãe. A surdinha tinha feito alguns gestos e saído. Perguntei para a senhora aonde ela ia e ela me respondeu que a Claudinha – agora sabia o seu nome –tinha uma atividade cultural em outro local, mas que eu podia ficar.

Durante o bate papo descobri que a Dona Márcia, a mãe da Claudinha, era divorciada há mais de dez anos e que estava solteira desde então. Percebi que, de repente, havia certo assédio para o meu lado. Levantei e mudei de cadeira, sentando-me ao lado dela. Vi que o seu vestido era gasto e permitia certa transparência. Valia a pena. Ô, se valia! O volume da minha calça voltou a aparecer. Márcia olhou de relance para minha cintura. Perguntei se ela precisava de algum tipo de ajuda e agradeci pela refeição. Ela me pediu para ficar mais um pouco e que há muito tempo não conversava com alguém novo. Eu também, mas, no meu caso, com qualquer pessoa.

Levantei com a barraca armada e tudo e perguntei se ela não queria transar, na lata. Depois de um bom tempo e várias trepadas sem parar me senti cansado como nunca, pensei até que iria desmaiar.

— Tenho que ir.

— Volte sempre, meu querido.

— Não tenha dúvida de que voltarei logo. Amanhã mesmo estarei aqui.

Levantei com dificuldade da cama, cheguei em casa e por quinze dias fui diariamente até a casa da Dona Márcia, tomar café e fazer sexo, até que, em comum acordo, encerramos nossos encontros.

Corpo são, mente pouco criativa

Não me lembro de onde ouvi a expressão: "O homem é estômago e sexo", mas sei que era nítida a minha recuperação física após quinze dias me alimentando e transando diariamente, porém essa versão sadia era pouco ou nada criativa. Eu estava sentindo falta das minhas fugas de realidade, do amigo imaginário, da dor de estômago devido à falta de alimento e ao excesso de álcool e fumaça.

Essa vitalidade que estava sentindo me fez dar uma geral na casa. Há muito tempo não desligava e limpava a geladeira, por exemplo. Esse seria o momento. Fiquei dois dias deixando tudo em ordem ou melhorando um pouco o que já estava deteriorado pela sujeira e pelo tempo.

No meio dessa arrumação encontrei um livro de histórias macabras baseadas em contos de fada infantil. Com certeza, não era meu. Resolvi ler. Que perda de tempo. Essa balela de vampiro, zumbi e coelho assassino é o fim da literatura. Lembrei-me de um anúncio que tinha visto havia um bom tempo, no ônibus, indo para a faculdade, de um livro que relatava a vinda de um asteroide em direção a Terra, porém via-se pelo cartaz que o livro abordava o iminente fim com autoajuda. "Que sacada!", pensei na hora. Como sempre tive a grana curta não comprei esse título, mas até hoje fico imaginando o quanto de risadas o autor deve ter dado ao escrever uma pilantragem dessas.

—Ercolobus! Arcolobus!

Falei alto e ri. Era um nome desses o livro. Deu-me vontade de tentar escrever algo parecido, tipo: "Efeito antidiscoide, prepare-se para o deslizamento da camada superficial da Terra"; ou "Opacas, a super nuvem negra"; ou, ainda, "Imã-achatus, o processo de aumento da força de gravidade; mais um: "Oxi-end, o fim da respiração"; não parava por aí: "Imóvel flagelus e a reprodução artificial"; mais uma ideia, "A nova era dos cavalos, o fim da energia elétrica".

O bom mesmo era imaginar a questão da autoajuda em um momento de caos mundial, em que o ser humano vira o animal egoísta que habita silenciosamente cada um, mas que tem medo de morrer sozinho, abandonado. Lembrei-me do The End, um exemplo maravilhoso para se tomar. Em seu leito de morte... Leito de morte para um cachorro é meio forçado. Melhor seria: em seus últimos passos. Também não... Próximo ao último suspiro. Como temos essas frases curtas impregnadas em nossas mentes! Voltando à morte do cãozinho... Ele veio até mim, cheirou a minha mão, encarou-me, virou em direção à lavanderia, acomodou-se próximo ao tanque e faleceu. Uma morte honrada, consciente, digna.

Primeiro roteiro para livros apocalípticos

Efeito antidiscoide, prepare-se para o deslizamento da camada superficial da Terra

Analisando a estrutura de cada livro catastrófico popular, primeiro preciso de um nome ou pseudônimo que esteja ligado a uma cultura com poderes premonitórios. Se for um livro baseado em escritura Inca ou Mexica deve-se ter um autor com um nome bem popular nos países latinos e um sobrenome que termine com Z. Porém, nesse caso do efeito do deslocamento da camada superficial da Terra, sinto um pouco da necessidade de uma cultura marítima, como os nórdicos ou os japoneses.

Gosto muito dessa relação de vários mundos ligados por uma árvore, com vikings fortes e mulheres ruivas lindas, mas não vai colar nesse evento apocalíptico. Essa impressão de que os suecos iriam corrigir tudo e falar que a economia deles é impressionante e que todo mundo toca violino não cativaria os futuros compradores de nosso projeto literário de ônibus circular.

Katano Furita. Gostei desse nome. Então já temos a base: um escritor japonês que descobriu uma terrível profecia, passada de geração em geração por uma vila de pescadores próxima a Ouchi-juku, na região de Fukushima. É bom lembrar a história da Origem das Coisas Antigas. O famoso Kojiki, que, resumidamente, conta como surgiram as ilhas do Japão criadas pelo deus Izanagi e pela deusa Izanami. Aqui dá para enrolar o leitor nos capítulos iniciais. Uma história de amor entre deuses, que dará a origem ao Sol e a Lua vai fazer muito leitor perder a parada do ponto de ônibus.

Após a introdução da cultura base do roteiro, os próximos capítulos seriam dedicados à parte científica do profético livro. Aqui, dedicaríamos um bom volume de informações sobre a crosta terrestre e sua fragilidade em relação ao manto. Fico imaginando o humilde leitor demonstrando o conhecimento sobre camadas da terra no churrasco de file sete de domingo, regado à cerveja barata e caipirinha de limão galego, "Como é um gênio esse nosso amigo".

Agora vem a história da vila unindo a origem primordial das ilhas japonesas com o deslocamento da crosta sobre o manto. Tudo isso avisado pela simples confusão na pelagem e nos voos do Grou Japonês. Aqui vai um pouco de minhas lembranças escolares, quando o professor de Biologia da sétima ou oitava série comentou sobre essa ave. Uma bela ave branca com detalhes em preto no pescoço e com um detalhe em vermelho na cabeça. Muitos acreditam que é a ave mais velha do mundo, sendo chamada, em parte da Ásia, de Mãe de todas as aves.

A escala do texto deve ter um fator crescente, então, assim que ocorrer a manifestação nas aves, no caso, na Mãe de todas as aves, a crosta iniciaria seu deslocamento no sentido anti-horário, com inúmeros terremotos, maremotos, vulcões, inversão de polos magnéticos, caos total, do jeito que o povo gosta.

Segundo roteiro para livros apocalípticos

Opacas, a super nuvem negra

Minha animação com os roteiros para livros apocalípticos sofreu um golpe climático hoje. Acordei com o sol mais brilhante que me lembro. Inclinei a cabeça para cima na janela e olhei por frações de segundo para o gigante astro. Como estava belo! Por um lado gostei da sensação de achar algo bonito, meus pensamentos estavam atrelados à melancolia. Como essa bolota gigante ardente pode influenciar tanto as pessoas? Sentia-me animado, com vontade de andar de bicicleta, porém a minha tinha trocado por vinho há um bom tempo.

O calor com a luz fornecida pelo irradiante dia me fez pensar rapidamente: "Vou procurar uma loja de produtos usados e pedir para fazer um teste com a bicicleta. Deixo a carteira de identidade como garantia e rodo por um tempo. Com esse meu corpo de preso de guerra não conseguirei ir muito longe".

Arrumei-me rapidamente e andei em direção às ruas próximas à rodoviária. Por sorte encontrei alguns trocados na velha calça que usava e decidi comer uma coxinha gordurosa no primeiro local que me parecesse agradável. Três e cinquenta, era esse o valor do salgado no boteco do Joares. Eu tinha quatro. Pedi para ele me fazer o pingado a cinquenta centavos. Ele titubeou um pouco, mas aceitou.

Só faltava uma trilha sonora e alguns pássaros rodeando a minha cabeça. Sentia-me a Branca de Neve caminhando alegre pela floresta. Há muito tempo não vivenciava uma situação tão feliz. Eu estava alimentado em um dia de sol e calor, pensando em escrever um roteiro de fim da humanidade para ser a base de um livro popular e estava à procura de um passeio de bicicleta.

Na rua da rodoviária todas as lojas de móveis e bagulhos usados tinham bicicletas, mas apenas uma permitiu que eu desse uma volta nela com a apreensão da minha identidade. Por sinal, eu tinha um carinho por esse documento. Meu cabelo estava muito grande e eu usei um terno do meu pai, com gravata e tudo. Era o protótipo adolescente do interior sul de São Paulo de boa família, que gostava de rock and roll e tinha um futuro brilhante pela frente, ou seja, era a imagem de uma previsão de futuro que não deu muito certo para mim.

Eu fiz que estava interessado na compra para utilizar como um meio de transporte. Perguntei o preço, se parcelava, se aceitava alguma coisa usada, em bom estado em troca. Ofereci minha televisão e um violão sem corda. O simpático vendedor disse que tudo tinha que ser analisado e que sim, eu podia dar uma volta para sentir a desenvoltura da melhor bicicleta usada das lojas ao redor.

Como é gostoso andar de bicicleta. Desci a rua das lojas de produtos usados com muita velocidade, fiz a curva em uma avenida que levava aos fins da cidade e pulei todos os quebra-molas que encontrei. Pedalava com vigor, sentia o vento com uma intensidade tão maravilhosa que chegou a lacrimejar meus olhos.

Pedalei por uns bons minutos, quem sabe horas – eu, com essa briga contra o tempo, sempre me perco em relação a ele. Retornei para devolver a bicicleta com um aspecto, que eu imagino, terrível: a minha aparência esquelética, com roupas acabadas e todo suado, mas feliz, com um sorriso de dentes ausentes no rosto. Olhei para o vendedor, que veio com a minha identidade na mão:

— E aí, patrão, vamos fazer negócio?

Peguei a minha identidade ainda recuperando a respiração e disse:

— Obrigado, mas não gostei da *bike*.

Virei às costas e fui embora, nem perdi tempo para ver a reação do vendedor. Ainda mais, eu estava com pressa, tinha um roteiro para escrever.

Estava muito suado, sentia-me nojento, caminhei com pressa para chegar em casa e tomar um banho demorado. Realmente, esse dia foi extremamente atípico.

Chegando em casa, após um bom banho, sentei de cueca – por sinal, achei uma limpa – e comecei a colocar a ideia do fim do mundo por uma super nuvem.

Opacas, um nome explicativo e com um ar latino. Bom, o escritor teria um nome hispânico. Pensei em algo no diminutivo, tipo Carlitos, e um sobrenome no estilo Bermudez. Ah, sim, tem que terminar com Z: "Opacas, a super nuvem", um livro de Carlitos Bermudez. Gostei.

Para fugir um pouco de México e Peru, a base seria uma profecia encontrada na Pirâmide de Tikal, na Guatemala. Eu adorava estudar os povos

Maias, Incas e Astecas, e essa cidade foi uma das mais importantes do povo Maia até o ano 600, sendo abandonada no século XI. "Tá" aqui o gancho.

A descoberta do fim do mundo por um sacerdote nessa pirâmide fez com que a população entrasse em pânico e fugisse, mas só então, com os estudos do Carlitos, foi avaliado que a data certa seria 2020, ou seja, o fim estava próximo.

O líder espiritual deixou um hieróglifo que muda de formato conforme a incidência e angulação dos raios de sol, e hoje foi interpretado que no mês de agosto de 2020, sete vulcões entrarão em erupção ao mesmo tempo e formarão uma nuvem única que impedirá a passagem de raios de sol em todo o planeta, não permitindo a aviação e interferindo profundamente no sistema de comunicação por ondas. A opacidade formada levará a uma alimentação dependente apenas de estufas e hidroponia, porém a água começará a ficar contaminada pela fuligem constante. As doenças respiratórias matarão setenta porcento da população, a ausência de luz levará a uma geração de raquíticos. O caos acabará com qualquer tentativa de ordem pelos governantes, que sem um sistema de informação amplo terá extrema dificuldade de manutenção de uma unidade. Após um efeito estufa, com temperaturas globais altas, que levará ao degelo dos polos e inundações com tsunamis e maremotos, iniciar-se-á uma nova era do gelo. Após uma década da super nuvem, o mundo estará congelado e os poucos sobreviventes voltarão a uma vida primitiva.

Tive a total convicção de que um dia de sol e passeio de bicicleta após um café com leite e coxinha gordurosa não eram incentivadores da imaginação apocalíptica.

Terceiro roteiro para livros apocalípticos

Imã-achatus, o processo de aumento da força de gravidade

Tentei não cometer o erro anterior. Fiquei um dia sem comida e ainda achei um vinho meio azedo, que misturei com um pouco de água e gelo para conseguir tomar. Lembrei-me de quando era criança e a minha avó materna fazia *vinhada*. Eu bebia mais que os primos só para ter um pequeno grau de embriaguez, que geralmente acabava com uma bela soneca à tarde. Outras lembranças boas de infância eram o leite quente com conhaque e a gemada com vinho.

Nesse roteiro apocalíptico, o centro da Terra passa a gerar um efeito eletromagnético semelhante a um super imã, comprometendo a vida na superfície terrestre. Apenas alguns grupos privilegiados americanos sabiam do fenômeno e possuíam as câmaras de sobrevida e comunicação em forma de cidades subterrâneas com controle contra o efeito devastador.

O interessante aqui não é ter uma profecia, mas uma coisa de ciências com muita ficção e teoria da sonegação de informação para privilegiar os escolhidos, que, por sua vez, tentarão procurar uma saída para sobrevivência fora da rede de cápsulas interligadas.

É bom lembrar que possuímos muito ferro em nossa circulação devido à hemoglobina, e para chamar atenção do leitor poder-se-ia gerar uma situação em que o texto leva a uma visualização do sangue sendo sugado pela pele e as pessoas e animais perdendo volume, uma imagem estilo filme de terror B dos anos setenta.

Quarto roteiro para livros apocalípticos

Essa história de livros sobre o fim da humanidade já estava me irritando. Havia colocado em minha cabeça que deveria deixar quatro roteiros prontos, não sei por que, mas não conseguia fazer outra coisa enquanto não terminasse esse compromisso individual gerado. Estava sem paciência e na dúvida se escreveria sobre um extermínio direto universal com sufocamento pela falta oxigênio ou uma situação mais científica que envolveria a seleção artificial de seres humanos pela inatividade dos flagelos dos espermatozoides.

Bom, a ideia da impossibilidade de respiração seguiria o padrão de uma premonição de antepassados que tiveram visões apocalípticas de pessoas e animais desesperados buscando ar de uma maneira extremamente difícil. Com certeza, esse tipo de ideia venderia bem para os usuários de trem, metro e ônibus das grandes capitais, pois tinham a tragédia com um ar de religiosidade associada.

Por outro lado, a ideia da paralisação do movimento do flagelo, aquele rabinho que movimenta o espermatozoide, impedindo a fecundação de maneira natural, seguiria um caminho mais científico. Primeiro, pode-se abordar a questão da alimentação moderna, com o uso de transgênicos, fastfoods, açúcar, batata frita, hambúrguer, salsichas etc. Essa infinidade de tranqueiras que comemos hoje ganharia uma quantidade farta de páginas com as teorias da produção estilo frango de sessenta dias com hormônios sintéticos à conservação com uso de radiação. Nossa, só de pensar que a realidade parece ficção, nesse caso específico, assusta-me. Além de essa parte alimentar, pode-se entrar na questão das micro-ondas, às quais estamos expostos cada vez mais, com ondas vindo por todos os lados e a física quântica por trás de tudo isso. Esse livro vai ser grande mesmo, pois em uma terceira parte abordar-se-ia o envelhecimento genético das espécies e, em especial, dos seres humanos.

O perfil desse livro vai mais para o lado adolescente ou para os indivíduos aficionados em um futuro cientificamente bizarro, com os pesquisadores sendo agentes do mal na maioria das vezes, com aparente boa intenção. Após a caracterização da origem do problema, dedicaremos ao efeito, uma simples inatividade de movimento que selecionaria os seres humanos. Só quem tiver dinheiro para inseminação artificial teria filhos, assim, o mundo seria povoado apenas pelos filhos dos ricos e o caos estaria gerado, afinal, quem faria as tarefas braçais, simples, mas ordinárias? A elite encontraria esse dilema. Uma valorização da ordem social seria o final derradeiro de mais um livro apocalíptico.

Não pensei no nome do "britânico" que escreverá isso, mas, com certeza, um nome estilo príncipe da Grã-Bretanha ou um suíço daria confiabilidade a todo o relato científico de boteco que o conteria.

Liberdade

Estava livre. O fim da minha paranoia com os roteiros estava acabada. Se eu tivesse noção do tempo diria que tinha ficado algo em torno de três dias sem comida, bebendo vinho-vinagre com água e gelo para rascunhar a lápis algo que não sairá dali e que, provavelmente, ninguém lerá.

Não vou pôr fogo nos papéis, pois ainda sinto uma relação de dever cumprido após prepará-los.

Era hora de rodar por aí. Vou tentar arrumar uma grana ou procurar por algum colega dos tempos da faculdade. Pouco lembro o nome deles, mas eles se lembram de mim, e com dó ainda. Se eu encontrar com algum estou garantido na cerveja e, talvez, alguma comida com massa mole – não tenho tido confiança em meus dentes.

Saí de casa com dificuldade em andar. Passei vagarosamente em frente à casa de Dona Márcia. A mudinha estava na frente. Fiz movimentos em formato de círculo no ar para chamar atenção e ela viu. Sem pudor, fiz um gesto com a ponta do dedo em meu peito depois apontei para ela; daí introduzi entre o círculo dos dedos indicador e polegar. Pensei, "Numa dessa cola". Ela sorriu e me chamou para perto dela. Eu fiquei um bom tempo comendo a mãe dela, mas sempre quando a mudinha não estava em casa. Por sinal, não sabia o nome dela até então, apesar de a Dona Márcia sempre falar.

Aproximei-me, sabendo que não estava cheirando bem e que minha magreza era algo a ser estudado. Ela fez um gesto de mau cheiro para mim e me convidou a entrar pegando em minha mão. Caminhando pela casa, ela me levou até o banheiro e me trouxe uma toalha. Eu realmente não queria tomar banho, queria beber e comer alguma coisa, mas já estava ali e gostava dessa história de conversar por gestos sem palavras. Ela tirou toda a minha roupa e ligou o chuveiro. Então tirou a dela também e começou a me lavar desde os cabelos até a sola do pé. Obviamente, tomei o banho armado.

Fiz o melhor sexo da minha vida embaixo daquela água corrente.

A mudinha queria mais, porém passei as mãos sobre a minha barriga e fiz um gesto de necessidade de comer com as mãos. Ela sorriu e consentiu com a cabeça. Ela preparou o melhor sanduíche que comi na vida. Olhei para ela, sorri gostoso mostrando a ausência dos meus dentes e me emocionei.

Comecei a chorar como uma criança com medo. Soluçava. Ela me acolheu em seus braços e pegou no meu pênis. Novamente, um sexo avassalador.

Eu estava sem energia. Pedi por um trago, mas nada de bebidas na casa naquele dia. Foi quando ela fez um gesto de que eu tinha que ir devido ao horário.

Sai contente pela porta da frente. Para um dia perfeito só precisava de uma bebida.

O grito da borboleta

Parecia uma tosse despretensiosa, mas a dor na garganta e o sangue associado à coloração esverdeada do catarro me assustaram. Eu sabia que o meu estilo de vida regado a bebidas ruins e cigarros "radiativos" seria cobrado de mim em algum momento, porém não achei que seria tão cedo. Decidi ir ao posto de saúde.

Cheguei ao postinho que ficava na pracinha próxima de casa e sentia que meu pescoço estava inchado, do tamanho de uma coxa, em minha imaginação. Entrei pela porta de metal e fiquei em frente à atendente, que lixava as unhas e usava um avental estilo professora de primário de escola pública, sem as mangas e com um aspecto velho. Depois de um bom tempo, ela olhou para mim com desdém:

— O senhor precisa de algo?

— De muita coisa.

— Você tem consulta agendada?

— Não, mas acho que estou morrendo.

— Se não tem consulta não posso fazer nada.

— Preciso de atendimento.

— Aqui não se faz atendimento de emergência.

— O que eu faço então?

— Vá até o Pronto Socorro.

Consenti com a cabeça sem responder, falar me doía. Eu virei as costas e me dirigi, caminhando lentamente, ao Pronto Socorro. Era algo em torno de dois ou três quilômetros, que foram percorridos de maneira arrastada.

Já na entrada, a cena de guerra com um rapaz com um facão preso em sua perna e um idoso caindo no chão. Sim, eu o vi despencando vagarosamente até encontrar o solo com sua cabeça e jorrar um sangue escuro, mais para o marrom do que para o vermelho intenso.

Ninguém para me atender de imediato, de pronto o socorro não foi. Sentei em uma cadeira lateral na recepção e fiquei tossindo e observando a finitude do ser humano. Depois de um bom tempo o movimento no local acalmou. Eu me levantei e falei com a moça da recepção:

— Preciso de um médico.

— O que o senhor sente?

— Muita coisa.

— Mas seja específico.

— Acho que vou tossir meu pulmão para fora ainda hoje.

— Vou te encaminhar para a triagem.

Depois de pegar o documento de identidade, que por sorte havia levado, e fazer a parte burocrática, fiquei ali mais um bom tempo até a triagem.

— O que o senhor tem?

Lembrei-me do avô de um amigo meu que frente a essa pergunta respondeu para um médico que se soubesse o que tinha não estaria ali.

— Tosse com sangramento e dor intensa nos pulmões e no pescoço.

Após uma sequência de perguntas de rotina e de família, eu cheguei à conclusão de que a coisa era séria.

— É câncer, né, moça?

— Calma, o doutor vai analisar.

Fiquei uma tarde esperando a minha vez. O médico fez ausculta pulmonar e cardíaca, apalpou meu pescoço, colocou um palito na minha língua e a abaixou, e me deu uma receita. As únicas palavras que ele dirigiu para mim foram para perguntar o meu nome. Ele me passou uma receita de antibióticos. Pelo que ele analisou era algo como uma dor de garganta ou um princípio de pneumonia. Se eu tivesse um pouco de vontade de conversar teria descoberto, mas se ele passou o remédio estava bom. Ele me esticou a receita e saiu sem se despedir. Eu peguei a receita e resolvi dar uma volta nos corredores do hospital. Vi um senhor deitado com a boca bem aberta e um sono profundo que me chamou atenção. Ele entoava uma melodia roca agradável.

Um rapaz afeminado com um avental e uma bandeja cheia de sanduíches me abordou:

— O senhor é o acompanhante dele?

— Sim, meu tio-avô.

— Quer um lanche?

— Sim, obrigado.

Ainda com dor forte na garganta, devorei o pão com margarina e mortadela. O meu novo tio-avô continuava com a sua melodia em seu sono profundo. Aquele som deveria ser o temível e derradeiro grito da borboleta.

A lua é uma fera seca por sangue

Sai com uns poucos trocados e na velha expectativa de que alguma coisa interessante acontecesse. Eu adorava a noite. As pessoas são mais viscerais quando o grande astro sai e o barulho regado a álcool entra em cena. Eu tinha adquirido o costume de comprar a lata da cerveja mais barata, acender um cigarro do Paraguai e ficar no canto de qualquer aglomerado de gente – podia ser um barzinho da moda, a entrada de uma danceteria, uma festa qualquer –, observando como um *voyuer* da vida noturna.

Parei na esquina do bar do momento, já com a lata na mão e o cigarro grudado no lábio inferior, e fiquei à toa, sem muito pensar, apenas vendo as ações das pessoas arrumadas à procura de um romance, uma traição ou apenas para aparecer para os outros.

Na minha posição de quase fantasma tive a felicidade de estar diretamente no ângulo para ver uma calcinha dessas estilo tanga bem na minha direção. A imensa Lua cheia, com o frescor do ar típico das noites de início de primavera, com a cerveja mais tabaco e a visão do monte de Vênus relativamente na minha frente já valia o passeio. A moça era realmente bonita e estava acompanhada de um tipo jovem riquinho de pouca massa encefálica, muita arrogância e dinheiro. Até aquele momento tudo em harmonia, sentia-me um indivíduo que poderia pertencer e admirar a sociedade medíocre das cidades de interior.

Eu observava claramente o que sempre achei em relação à disposição corporal dos seres humanos. O homem realmente é um primata, com seus braços compridos esticados em direção ao chão e o andar movimentado por um quadril com geometria retangular, um ser sem graça. Já as mulheres são seres divinos, não possuem essa coisa simiesca do sexo oposto. A quantidade de curvas de qualquer mulher é algo a ser admirado sempre. Não existe mulher feia, o que há é uma falta de percepção correta da sincronia de sua arquitetura. Sem contar o cheiro. Como é bom o odor de uma mulher!

Subitamente, descem de uma caminhonete dois rapazes vestidos de cowboy e disparam muitos tiros em várias pessoas, incluindo a bela menina. A correria e a gritaria estridente quase fizeram com que eu me movesse, mas eu ainda tinha um quarto do cigarro para terminar. Muito sangue esparramado pelo chão, os valentões entraram rapidamente na caminhonete e arrancaram cantando pneus.

Fiquei admirando o contraste do branco e vermelho da imensa Lua com o sangue na calçada.

Boneco no aquário

Estava à toa em casa – bom, isso não era nada anormal – e comecei a escutar um grito meio abafado com batidas na porta. Abri a janela do quarto e olhei para baixo, conseguindo reconhecer o Grubero:

—Fala, Grubero. Já desço aí.

— Se arrume e vamos tomar umas cervejas, eu pago.

Bom, não precisava convidar duas vezes. Grubero era um dos colegas de universidade que eu tolerava. Era do tipo que falava bastante, mas não perguntava o que eu estava fazendo, por que eu tinha abandonado o curso ou como vai sei lá o quê. Resumindo, era uma boa companhia e eu não recebia indiretas ou sermões.

Ao abrir a porta ele me deu um abraço fraternal, olhou bem para mim, com certeza percebendo a ausência do meu dente incisivo lateral superior e a minha aparência de faquir.

— Cara, como é bom te ver. Eu precisava beber uma cerveja com você. Não tô aguentando a turma da faculdade. Muito papo chato, vazio.

Achei-me o poço do conhecimento, mas apenas sorri.

— Vamos a algum boteco perto do campus central. Tomamos umas duas ou três garrafas, observamos o movimento, depois vamos à minha república que eu tenho umas latas que sobraram de um churrasco dias atrás.

Concordei. Cerveja de graça e com um cara relativamente bacana estava mais do que bom para aquele dia, que, aliás, não sabia qual era.

Escolhemos um bar com mesas em uma espécie de sacada para poder observar o fluxo de pessoas em direção à universidade. Quanta gente à procura de um diploma e alguns poucos atrás de conhecimento. Sempre pensei que um bom livro ensina mais que uma aula expositiva, mas não sou base, pois não gosto muito de aglomeração mesmo.

A essa altura, Grubero tinha parado de insistir em conversar comigo. Essa minha crise de ausência afetava mais ainda o meu convívio social.

— Me desculpe, eu tenho crise de ausência.

— Tranquilo. Eu sei que o papo tava chato mesmo.

— Não posso opinar, não escutei nada mesmo. Sabe quando você liga o rádio em qualquer estação e faz outra coisa, e se parar para pensar não se lembrará do que acabou de escutar? Pois foi o que ocorreu agora. Fiquei focado no povo indo pra aula.

— Eu gosto desse lugar também. É bom para ver essa cena.

— Eu não falei que gostei do lugar, apenas disse que fiquei focado nas pessoas.

— Vamos tomar mais uma e ir lá para casa acabar com as latinhas.

Acenei com a cabeça. Até pensei que algo salgado para comer seria bom, mas como estava numa situação de aceitar sem solicitar, fiquei quieto.

As cervejas desceram maravilhosamente bem. Foram três, como Grubero havia falado. A essa altura, o movimento de entrada na universidade já havia diminuído e a noite começava a ficar um pouco mais gelada. Ele pagou a conta e fomos até a república dele, que ficava a umas duas quadras de distância. Não me lembro do que ele estava falando, porém, dessa vez, de tempo em tempo eu concordava com um gesto de cabeça e um "sei" verbalizado de maneira confiante.

Chegando à república, ele realmente não havia mentido: tinha uma boa quantidade de cervejas e um resto de presunto cortado em cubos, que prontamente devorei.

— E esse aquário?

— Pois é, inventei esse negócio faz uns três ou quatro meses. Os peixes não dão trabalho e não interagem. O que dá trabalho é limpar essa porcaria de vidro e acertar o pH.

— Os peixes que você colocou aí não têm muita expressão ou cor. Todos cinzas.

— Ganhei os peixes e o aquário.

— Curtiu?

— No começo sim, mas agora já estou farto.

Enquanto Grubero foi ver se tinha mais alguma coisa para comer eu resolvi jogar o resto da cerveja, pouca coisa, no aquário. Ele me pegou no flagra.

— Não dá nada. Se o peixe ficar bêbado nem vai perceber.

— Eu não joguei para os peixes. A minha intenção era dar um pouco de ânimo para aquele boneco estilo *playmobil* que está com a perna amarrada naquela corrente que você fez com um arame barato. Esse boneco tá ferrado.

— Cara, ele tá fudido mesmo, mas pelo que tenho visto, acho que você está pior.

Jovem aprendiz

Estava voltando para casa e resolvi gastar o pouco que tinha com uma dose de conhaque no bar do Gaúcho e ver os seres quase humanos que por lá se encontravam. Para minha surpresa, tinha um papel escrito com caneta azul: "Precisa-se de ajudante".

— Gaúcho, me veja uma dose de conhaque.

— Opa! É para já, Fernando! Faz tempo que você não aparece. Muito ocupado?

— Mais ou menos. E esse emprego? É para fazer o quê?

— De tudo um pouco: descascar ovos de codorna, lavar louça, colocar cerveja para gelar, de vez em quando atender o balcão... Mas essa não é a principal atividade. E, o pior, que assusta a turma, é arrumar o quarto das nossas meninas após o uso.

Meninas entendam as putas gordas e velhas. O Gaúcho arrumou dois quartos minúsculos com uma cama estreita, um vaso sanitário acoplado a uma ducha higiênica e uma pia. Pensei: "Não deve ser muito terrível". De maneira geral, existiam várias prostitutas que frequentavam ali, mas apenas as três mais usuais eram as quem mais utilizavam o abrigo.

— Por que a turma acha ruim essa parte?

— Frescura. Às vezes tem muita porra ou muita merda para limpar. É só usar luvas e muito produto de limpeza.

— Quanto paga?

— A princípio é uma espécie de jovem aprendiz, recebe trinta reais por dia.

— Precisa vir todos os dias?

— Seria bom que viesse sempre, mas eu decidiria na hora se você fica no dia ou não.

— Qual o horário?

— A partir das três da tarde até a meia-noite. Estou fechando às onze e meia. Depois disso só da bêbado pobre.

Ri calado. O bar só tinha esse perfil de cliente.

— Começo quando?

— Amanhã. Hoje está meio devagar.

Tomei o conhaque e ele me deu uma porção de ovos rosados de codorna. Não precisei pagar. Cortesia, disse ele.

No outro dia cheguei no horário combinado. O patrão me deu um avental de plástico e me mandou descascar os ovos de codorna. Depois, ele prepararia a conserva sem me contar o segredo. Até fiz de conta que me interessei, mas, por mim, que ele guardasse bem o que sabia. Ovo ruim do cacete. O trabalho manual me desviava do pensamento. Acho que fiquei algo em torno de uma hora aprontando os ovos.

— Agora coloque essas cervejas que estão no canto em ordem nas geladeiras do fundo. Não preciso falar para não misturar as marcas, certo? Veja como estão lá e mantenha o padrão.

Fiz essa tarefa vagarosamente. Percebi que se fosse rápido o Gaúcho já me mandaria fazer outra coisa. Quando a luz do dia começou a diminuir as prostitutas chegaram. Eram as mesmas três de sempre. No saguão do bar, duas mesas com clientes. O mais cabeçudo chamou a puta mais gordinha para se sentar com ele. Em pouco tempo já estavam nos quartos novos, como o patrão gostava de chamar, umas porcarias de local.

Terminei de colocar as cervejas e o Gaúcho já me avisou para descansar um pouco e depois dar uma geral no quarto novo. Fiquei sentado próximo à entrada da cozinha. Quarenta minutos depois, o "casal" saiu do quarto, sentaram-se na mesma mesa e tomaram mais uma cerveja.

— Agora é contigo, Fernando. Não demore na limpeza. Espero que o quarto novo seja usado muito hoje.

Peguei a luva de borracha verde, um balde com algum tipo de detergente, dois trapos de pano e fui ver o estrago. Para minha surpresa, o quarto estava em bom estado, a cama pouco desarrumada. Fechei a porta e me sentei, ficando quieto por algum tempo. Em seguida, joguei o líquido do balde com o produto que ele continha no vaso sanitário e dei uma descarga de leve. Ao limpar o lixo me surpreendi, uma camisinha com meio litro de porra dentro. Nunca tinha visto tanto volume dentro daquele saquinho, o cliente devia estar coalhado, com certeza há muito tempo sem ejacular.

Voltei para a área de serviços e joguei o lixo. Lavei o balde e as luvas e fiquei de sobreaviso no mesmo canto próximo à entrada da cozinha. Nesse tempo em que fiz a limpeza do quarto novo, o movimento do bar tinha aumentado. Em pouco tempo, um rapaz, quase anão, pegou a mulher dos cabelos tingidos de loiro, a magrela sem contornos e com a tatuagem de dragão andando de bicicleta.

O baixinho e a vareta ficaram mais de duas horas no quartinho. A barulheira dava para escutar no bar, mas ninguém ligava. Até que o Gaúcho me chamou:

— Fernando, vá lá e bata forte três vezes na porta.

Bati três vezes, quase que de imediato a porta foi aberta. O baixinho saiu todo contente, a puta me olhou e disse:

— Preciso de mais cinco minutos. Esse anão do caralho grande me judiou.

Eu assenti com a cabeça que tudo bem.

Ela saiu e eu entrei no quarto novo. O cheiro de porra e merda era de acabar com a vontade de viver de qualquer um. A magrela havia feito a maior evacuação, que eu nunca havia imaginado ser possível. Algo a ser estudado. Como podia uma pessoa tão longilínea produzir algo tão desgraçado?

Eu não sabia por onde começar. Nem me sentar na cama para pensar eu podia, pois estava tudo gozado. Saí do quarto e falei com o Gaúcho:

— Preciso beber algo forte para aguentar limpar aquele quarto.

Acho que ele já imaginava e em sua mão já havia um copo com uma mistura de raízes amargas e vodca. Bebi de um gole só e pedi outro. Prontamente fui atendido. Com um olhar meio maroto, o Gaúcho me disse:

— A magrela é quem mais dá dinheiro, mas ela sempre dá uma enorme cagada após cada serviço.

— Quantas vezes ela vai por noite?

— De três a quatro.

Voltei para o quarto, juntei os lençóis, limpei como pude. Quando terminei o serviço, vi-a entrando no outro quarto com um indivíduo negro. Percebi que aquela seria uma noite terrível.

Próximo à meia-noite eu já havia limpado quatro vezes as obras nos quartos da magra puta e bebido algo em torno de doze doses de amargo com vodca. Mas não conseguia ficar bêbado. Toda vez que entrava para limpar o estrago eu ficava imediatamente sóbrio. No fim da última limpeza, o Gaúcho veio acertar comigo o dia:

— Vou te pagar quarenta hoje, pois foi um dia difícil.

Peguei a grana e respondi:

— Acho que já aprendi tudo que podia por aqui. Pode colocar o anúncio de volta.

Sermões vazios à minha cabeça

A experiência no Gaúcho me fez voltar a alguns dias de reclusão, o que significava mais tempo com meus pensamentos e os questionamentos de sempre.

Enquanto eu fico aqui analisando a cadeia de ideias que me surge e continua em cascata, aproximadamente quatro bilhões de almas estão dormindo e, pelos estatísticos, sete bilhões delas já passaram pela Terra. Será que existe alguma estatística de felicidade ou tristeza?

Descobri recentemente que sou sagitariano, o mais filosófico de todos os signos. Muito se questiona essa coisa de signos. Eu não tenho uma opinião formada se acredito ou não, nunca estudei o assunto a fundo.

Voltando à felicidade ou à tristeza, apenas olhe um pouco mais longe sobre a linha. Agora atingi o ápice da autoajuda. Para ser sincero, o que mais me preocupa não é o estado de espírito da pessoa, meu caso, mas a ausência de sentimentos. Não me emociono facilmente, não tenho achado isso normal, essa apatia adquirida me chama atenção.

Olhei para o maço de cigarros e vi que ainda havia uns quatro ali dentro. Procurei uma faca limpa e resolvi tirar o filtro deles. Se era para sentir a fumaça, devia fazer como um apreciador da química de verdade. Acendi o primeiro, já sem filtro, e tentei analisar se conseguia distinguir no paladar alguma substância química ali presente. Nicotina, nitrosaminas, metais pesados, pesticidas, monóxido de carbono, uma área de captação gigantesca nos meus alvéolos pulmonares.

Lembrei-me dos dias coloridos da minha adolescência, dos amigos que ficaram para trás. Não mantive contato com a maioria deles. Até me procuraram, evitei, não sei o real motivo de ter feito isso. Acho que, na verdade, queria manter guardada dentro das profundezas do meu cérebro a alegria daqueles momentos. Como a sensação de mortalidade não era presente, a melancolia da vida adulta que chegou de solavanco também não. A interação com as pessoas me cativava naquele momento, sentia-me popular, importante e superior.

O cisalhamento que a vida me proporcionou trouxe a sombra da morte ao meu redor. Não a minha morte, mas a sensação de que ela me conhecia, dialogava comigo, até o seu cheiro eu sentia. Não tenho medo desse desconhecido, mas o ar pesado que me cercou repentinamente mudou a minha rotina de adolescente imortal pronto para fazer os sonhos possíveis.

Acho que, no fundo, conseguia distinguir o básico, a nicotina e o monóxido de carbono, mas a presença do filtro tornava o hábito de fumar mais agradável.

A volta e a despedida de Pedro

Abri a porta de casa após uma caminhada sem rumo pelas ruas com asfalto ardente da cidade e encontrei o Pedro sentado no sofá. Fazia muito tempo que não o via e o seu aspecto moreno, com um bigode estilo malandro de Miami, com um cabelo anos oitenta ostentando um corte curto na parte superior e alongado na nuca, chamou-me muito atenção.

— Caramba, quanto tempo!

— Pois é Fernando, estive rodando pelo mundo, vivi uma experiência na Califórnia.

Geralmente, eu não costumo conversar muito, mas no caso do Pedro, a sua dialética me atraía e poderia ficar horas escutando as suas prosas.

— Fale então, querido amigo. Há muito não o vejo e imagino as suas aventuras em terras distantes.

—A verdade é que rodei muito à procura de algo e até agora não sei o que era, porém sempre acreditei que o que dá sentido ao encontro é a busca, e isso me motivou. Iniciei a jornada pela capital americana, tudo muito frio, não seria ali que eu encontraria as minhas respostas. Fiquei mais de um mês por lá, daí segui para a Flórida.

Eu percebia no jeito que ele falava e nas expressões em sua face que algo havia mudado nele. Nitidamente, ele havia sido tocado por algo.

— A Flórida é linda. Andei com atores de rua, muitos músicos e poetas amadores. Acreditei que tinha, finalmente, encontrado o meu lugar no mundo, mas essa sensação não durou muito. De repente, sem explicação alguma, tudo ficou cinza, o ar estava denso e eu não via graça em mais nada. Era hora de procurar os ventos do Oceano Pacífico. Peguei um ônibus, no melhor estilo viagem cansativa, com destino a Los Angeles. O sentido deveria estar na Califórnia. Em Los Angeles fiquei perambulando pelas ruas de Venice, dormi em sofás abandonados, até em telhados. Minha mente fervilhava de ideias, eu poderia conquistar o mundo naqueles dias, tudo parecia possível.

Fiquei impressionado com a mudança de formato do Pedro depois que ele começou a falar de sua passagem pela Califórnia. Seu cabelo cresceu, seu bigode sumiu, seus ombros se alargaram. A cara de americano médio em turismo se modificou para um estilo jovial contagiante. A sua maneira de contar as histórias e me cativar continuavam iguais. Lembrei-me rapidamente do tempo em que o considerava meu guru psicólogo, muito mais que um amigo simples, algo totalmente diferenciado.

— Meu ápice criativo foi quando resolvi ficar isolado na caverna do Corral Canyon. Meu cérebro entrou em efervescência imaginativa. Tudo era poesia e sonoramente agradável. Eu poderia escrever um novo livro universal, conjecturando a unidade das almas transeuntes de todos os cantos, as que possuem corpos ou não, mas como tudo tem seu tempo, em um desses crepúsculos de um dia qualquer, minha mente voltou à sobriedade e a tristeza tomou conta de mim. Voltei para as ruas de Los Angeles. Eu estava mudado, irrequieto, sem encontrar o que procurava e, pior ainda, com a sensação de que havia faltado pouco.

Percebi que essa frase final mostrava total desapontamento. Há muito não o via, mas a sua maneira transparente de mostrar seus sentimentos continuava igual, independentemente da forma que usava.

— E Pedro, o que te motivou a voltar?

— Eu precisava conversar contigo pela última vez. Não vim dar conselhos, nem era o objetivo da minha visita contar a minha aventura americana. Eu apenas vim me despedir.

— Como assim? Vai para onde dessa vez?

— Para outra esfera, e sem retorno.

— Não há chance de repensar isso?

— Amanhã é dia três de julho e esta é a nossa última conversa. Tudo foi importante, mas este é o fim.

Reconheci as suas palavras e, com certeza, sabia da veracidade delas. Busquei forças para agradecer, já com a voz marejada:

— Pedro, dos meus amigos imaginários, você, sem dúvidas, foi o mais importante.

Pequeno Buraco Negro

Acordei suado. Já são três dias sem beber e estou tentando diminuir o cigarro. A incrível marca de quatro maços por dia me assustou. Percebi que o prazer passou a vício e, agora, a um impulso em brasa.

Ainda deitado na cama, um pequeno ponto preto no teto, à esquerda do foco de luz exposto, chamou minha atenção. Prendi a respiração para ter a certeza de que um barulho vinha daquela marca. Sim, havia um som de sucção que, aparentemente, vinha dali. A manchinha era menor do que um botão de camisa, mas a profundidade da coloração negra era maravilhosa.

Levantei, afastei a cama e peguei a cadeira de madeira e palha velha que segurava a porta do velho guarda-roupa. Subi com facilidade e estiquei o máximo que pude meu braço, mão e dedos em direção ao ponto misterioso. Ao aproximar a ponta do meu indicador, a força de atração do local sugou o dedo, ocluindo momentaneamente o buraco. A força exercida sobre a pele do meu dedo foi intensa. Forcei rapidamente a sua retirada e com dificuldade consegui, porém um pedaço circular de pele foi violentamente ceifada, com o sangue imediatamente aparecendo.

Corri até o banheiro para estancar com papel o ferimento. O que era aquele pequeno buraco preto? Retornei com o dedo enrolado, subi na cadeira novamente e resolvi subir e jogar pequenas coisas sobre o local. Primeiro, fiz uma pequena bolota de papel ensanguentado e coloquei lateralmente ao buraco. Como um aspirador, o papel foi sugado violentamente.

Saí da cadeira e resolvi procurar uma maneira de subir ao telhado para ver da parte superior se havia algum lado oposto.

Consegui passar pela entrada do alçapão com facilidade, percebendo que, realmente, estava muito magro. Encontrei um amontoado de sujeira, pó e teias de aranha. Afastei uma telha para que a luz do dia entrasse. Consegui me localizar a partir desse feito. Fiz a mesma coisa com outras duas telhas até chegar sobre o meu quarto. Com os pés empurrando de um lado para o outro, tentei limpar o chão das macrossujeiras e ver se conseguia achar o buraco. Resolvi me abaixar e aproximar o meu rosto para ver melhor. Levantei e retirei mais telhas, mais de cinco, seis, sete, dez telhas. Não achei nada. Resolvi urinar sobre o local para retirar o pó e melhorar a visão. Nada do pequeno buraco sugador de ponta de dedos.

Sentei ali mesmo. Estava muito pensativo, sem saber o que estava acontecendo. Com dificuldade para encaixar novamente as telhas, fiquei por mais de meia hora lidando com isso. Desci e resolvi me lavar, pois realmente estava muito sujo.

Durante o banho, vendo a água escorrer sobre as minhas costelas aparentes, percebi que fazia muito tempo que não me lavava. Apavorei-me com o encardido das unhas das minhas mãos.

Enrolado na toalha de banho retornei ao quarto e a primeira coisa que fiz foi observar o buraco negro no teto. Retirei a toalha e joguei para cima em direção ao ponto preto. A toalha ficou presa, pendurada por um pequeno pedaço que estava sendo sugado, pois a diferença de tamanhos impedia que ela fosse totalmente sugada.

Arrumei-me, deixei a toalha pendurada pela porção sugada e resolvi andar por aí. Estava com receio de estar perdendo o juízo.

Caminhei sem rumo por mais de três horas. Fazia dias que não ficava com a cabeça vazia como aquele momento. Achei isso importante. Venho refletindo sistematicamente que o meu cansaço contínuo estava diretamente relacionado ao fato de estar o tempo todo pensando sequencialmente uma ideia atrás da outra. Esse momento que a sociedade vive, em que todos estão "pilhados", conectados a algo, precisando demonstrar que estão felizes fazendo alguma coisa deveras importante, afeta o sono. Lembrei-me da faculdade. Para fazer um modelo de estresse em ratos, os pesquisadores privavam o animalzinho do sono. Em três dias o bicho estava terrivelmente afetado. O negócio era retornar e tentar dormir um pouco.

Infelizmente, achei um cigarro amassado no bolso da calça. Acendi-o – sim, havia um isqueiro no mesmo bolso – e diminui a frequência da caminhada. Estava com uma oclusão momentânea no ouvido. Escutava e sentia cada tragada como se fizesse parte de uma cena de filme futurista americano.

Cheguei em casa, subi até o quarto e, sem surpresa, vi a toalha pendurada no buraco negro sem lado oposto do meu teto. Tirei a roupa, ficando apenas de cueca, cobri-me com meu cobertor preferido de décadas de uso e dormi como uma criança após um dia de praia.

Deve ser um sinal

Já era o segundo dia que a toalha estava tampando o buraco, mas era possível notar uma discreta expansão do seu diâmetro. Eu estava há dias sóbrio, sem drogas ou álcool. Aquilo estava realmente acontecendo no teto do meu quarto. Com muita convicção, aceitei que aquilo era um sinal. O real significado ainda não havia descoberto, mas as reflexões sobre a minha vida estática demonstravam claramente que assim que eu descobrisse o que o buraco negro sugador queria, eu teria um novo começo.

Após esse período de análise e meditação resolvi fazer uma geral em minha aparência. Procurei roupas limpas e, inacreditavelmente, achei. Fiz a barba, tomei um banho bem caprichado e resolvi cortar o cabelo, que já alcançava a parte inferior da minha coluna.

Sai à procura do primeiro salão ou barbeiro que encontrasse. Não demorou muito e, por coincidência, um barbeiro ao lado de um salão. Preferi o salão e ofereci o cabelo para venda. A funcionária avaliou com muito cuidado e me ofereceu cem reais. Aceitei na hora e, para ser sincero, achei que pelos maus-tratos ela me daria uns dez mais o corte. Foi dez vezes mais com o corte incluso. Não senti remorso ou algum outro sentimento. Era só um cabelo, que continuaria crescendo mesmo após a minha morte.

O corte demorou mais do que eu imaginava. Assim que terminou, resolvi almoçar um belo prato feito, aqueles que vêm arroz, tutu de feijão, bisteca de porco, ovo, torresmo, banana frita e uma salada simples de alface e tomate. Em uma avaliação que fiz mentalmente, sem dúvida, essa era a minha melhor refeição desde que me mudei para cá.

Retornei para a casa que não aceitava mais como lar – era esse o meu sentimento. Cheguei ao quarto e o buraco havia sugado a toalha. Sentia a pressão de ar que ele fazia. Resolvi jogar umas roupas velhas sujas no buraco, que foram imediatamente sugadas. Comecei a juntar tudo que não me agradava mais e, para minha surpresa, fiquei só com a roupa que vestia. Fiz uma pilha com as minhas coisas e fui jogando no buraco negro. A cena me lembrava muito um indivíduo jogando suas coisas no fogo. Uma semelhança incrível.

Algumas coisas eu levantava delicadamente para sentir a força gravitacional que vinha dali; outras, jogava com violência, com uma certeza absoluta de que queria aquele item longe de mim. Em menos de meia hora eu não tinha mais nada, estava em um quarto vazio, com um orifício que se expandia e sugava o que alcançava em meu teto.

Saí do quarto, fechei a porta, desci vagarosamente a escada sem olhar para trás. Passei pela sala, vi-me fora da casa. Tranquei a porta e joguei a chave por baixo. Fui caminhando sem muito pensar até a rodoviária e comprei uma passagem para Curitiba. Era hora de fazer alguma coisa.

"Kawa Ton Daimona Eaytoy"

(Queime seu demônio interior)